G. Cremonesi e P. Bellini

I come Ita

Aspetti di civiltà italiana

I come Italia
Testi di: Paola Accattoli, Grazia Ancillani
Redazione ELI: Paola Accattoli, Grazia Ancillani
Grafica di copertina: Garbuglia/Muzi
Design ELI: Marcello Muzi

© 2007 **ELI** s.r.l.
C.P. 6, 62019 Recanati (MC), Italia
Tel. 071 750701
Fax 071 977851 – 976801
info@elionline.com
www.elionline.com

Stampato in Italia da Tecnostampa – Recanati – 07.83.132.0

Volume con audio CD
ISBN 9788853610874

Guida per l'insegnante
ISBN 9788853611345

I come Italia

Aspetti di civiltà italiana

Ciao a tutti!

Siete pronti per un appassionante viaggio in Italia? Tra le pagine di questo libro potrete conoscere tantissimi ragazzi italiani che vi presenteranno gli aspetti più interessanti del loro Paese: non solo le tradizioni, ma anche la musica, lo sport, l'ecologia, le abitudini sociali. Finalmente avrete un ritratto reale dell'Italia, pieno di sorprese e curiosità!

Potrete passeggiare per Roma o Venezia, conoscere da vicino le tradizioni, scoprire come si divertono i giovani italiani o come si impegnano nella vita sociale, incontrare personaggi famosi e cucinare piatti buonissimi.

E, inoltre, potrete imparare anche la lingua italiana grazie ai tanti giochi e alle divertenti attività linguistiche.

Si parte!

Benvenuti!

Gli argomenti dei **20 dossier** sono presentati, per la maggior parte, da **ragazzi italiani**. Un modo per "fare amicizia", confrontarsi e sentire subito come vivo quello che state studiando. Così, un argomento tradizionale come il Palio di Siena è raccontato da una ragazza senese, o un argomento di attualità, come l'uso di cellulari e computer, è presentato da veri sms ed estratti di chat.

Troverete spesso delle **grandi foto**, per visualizzare al meglio quanto presentato. Non sono mai foto stereotipate, ma foto che ritraggono aspetti reali, autentici, quotidiani dell'Italia di oggi. Un modo per conoscere, ma anche per confrontarsi subito e stimolare la discussione con i compagni o la riflessione personale.

Pagina dopo pagina, vi accorgerete che **I come Italia è un amico**. Il suo scopo è aiutarvi a conoscere la civiltà e la lingua italiane nel modo più piacevole e divertente. Potrete fare giochi, test, attività di ogni genere, cercare notizie su Internet o leggere brani di libri italiani. Inoltre, gli **esercizi CILS** vi aiuteranno nella preparazione degli esami.

Cominciamo!

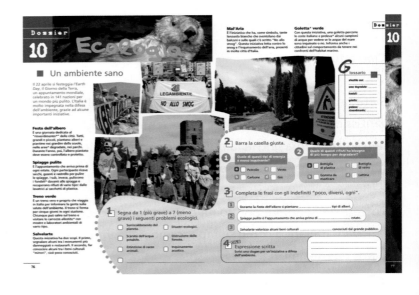

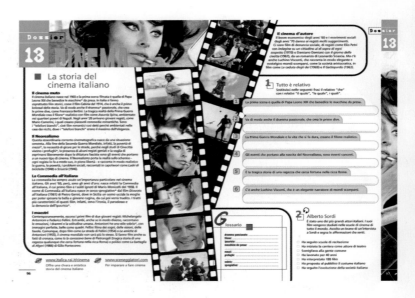

I tuoi amici italiani

Esercizi grammaticali

Attività

Dossier 3 — La scuola

La scuola in Italia

Ciao amici. Io sono Alessandro, ho 16 anni e frequento il Liceo Classico a Milano. Con le mie compagne Chiara e Lucilla abbiamo fatto una breve ricerca sulla situazione scolastica in Italia.

Tutti a scuola
In Italia ci sono 7 milioni e mezzo di studenti. L'anno scolastico, per legge, deve essere di almeno 200 giorni. Si inizia la seconda settimana di settembre, ma la data esatta può cambiare a* seconda delle regioni. In genere, devono tornare a scuola prima gli studenti del Nord, poi quelli del Centro e, infine, quelli del Sud. Per l'inizio delle vacanze estive, invece, si deve fare il contrario, iniziando dalla prima settimana di giugno. Le vacanze di Natale devono essere uguali per tutti: dal 23 dicembre al 7 gennaio. Quelle di Pasqua, invece, possono variare, perché possono durare da una settimana a una decina di giorni a seconda delle regioni.

Studenti stranieri
In Italia sono circa 500 mila, cioè il 4,2% degli studenti. Vengono soprattutto da Albania, Marocco, Romania e Cina e, per la maggior parte, vivono al Nord. L'integrazione* in genere è buona, ma ci sono ancora problemi linguistici e culturali. Per questo è nato l'Ufficio per l'integrazione, che aiuta i ragazzi stranieri e le loro famiglie ad integrarsi nella scuola italiana. Secondo l'Ufficio per l'integrazione, tutte le classi devono essere miste* e i genitori devono partecipare alla vita scolastica dei figli. Il "mediatore* interculturale" deve creare una buona comunicazione tra la scuola e i ragazzi stranieri.

La scuola... in breve
- La carriera scolastica è divisa in Scuola Primaria, Scuola Secondaria di Primo Grado e Scuola Secondaria di Secondo Grado.
- I ragazzi devono andare a scuola dai 6 anni (o anche prima) fino ai 16 anni.
- La scuola può essere anche a tempo* pieno o a tempo* prolungato.
- Le varie scuole devono organizzarsi per insegnare l'italiano ai ragazzi immigrati* e ai loro genitori e superare le differenze culturali.
- Gli insegnanti devono far partecipare i genitori alla vita scolastica dei figli.

26

1 A ciascuno il suo
Ecco tre ragazzi italiani. In base all'età e alla provenienza, prova a descrivere la loro vita scolastica.

Lucrezia ha 8 anni e vive a Milano.
....

Andrea ha 12 anni e vive a Perugia.
....

Federico ha 17 anni e vive a Palermo.
....

2 L'uso dei verbi servili
Rileggi la ricerca di Alessandro e completa le frasi nel modo giusto.

1 L'anno scolastico .... di almeno 200 giorni.
2 La data esatta d'inizio .... a seconda delle regioni.
3 .... a scuola prima gli alunni del Nord.
4 Per l'inizio delle vacanze estive .... il contrario.
5 Le vacanze di Natale .... per tutti.
6 Le vacanze di Pasqua .... da una settimana a una decina di giorni.

3 CILS — Espressione orale
Immagina di essere un "mediatore interculturale" in Italia. Devi creare un dialogo tra uno studente del tuo Paese e un professore italiano. Poni allo "studente" le seguenti domande:
- Come ti trovi in Italia?
- Quali sono le tue principali difficoltà?
- Che cosa vuoi raccontare ai compagni del tuo Paese?
- Come funziona la scuola nel tuo Paese?

Licei ed istituti
I licei si dividono in: classici, scientifici e psico-sociopedagocici. Gli altri tipi di scuole superiori si chiamano istituti. Al Liceo Classico si studiano soprattutto materie "classiche", come letteratura italiana, greco antico, latino, storia e filosofia.

www www.istruzione.it

Glossario
a seconda: ....
immigrati: ....
integrazione: ....
mediatore: ....
miste: ....
per legge: ....
tempo pieno: ....
tempo prolungato: ....

27

Esercizi CILS

Curiosità

 Brani riportati su CD audio.

 Esercizi creati sul modello degli esami di certificazione.

 Siti Internet consigliati.

Sommario

■ Benvenuti in Italia

Quattro personaggi* italiani, famosi in tutto il mondo, ti danno il benvenuto in Italia. Li conosci? Abbina ad ognuno le informazioni giuste.

Ciao! Io sono LAURA PAUSINI, cantante.

E F   I

D

Eccomi! Sono ROBERTO BENIGNI, regista e attore.

B   É   H

A

L

N

Mi chiamo MIUCCIA PRADA e faccio la stilista.

Mi conosci? Sono VALENTINO ROSS! campione di motociclismo.

C   M

A. Nel 1993 ho creato a Milano la *Fondazione Prada* che si occupa di arte moderna.
B. Sono nato a Manciano, un piccolo paese della Toscana, il 27 ottobre 1952.
C. Nel 1995 sono stato il più giovane campione della classe* 125.
D. Sono nata a Solarolo, un piccolo paese dell'Emilia Romagna, il 16 maggio 1974.
E. Il mio primo film come regista* è stato *Tu mi turbi*, del 1983.
F. Nel 1993 sono diventata famosa con la canzone *La solitudine*.
G. Sono nato a Tavullia, nelle Marche, nel 1979.
H. Ho vinto il premio Oscar nel 1999 con il film *La vita è bella*.
I. Nel 2006 ho vinto il *Grammy Awards* con la versione* spagnola della canzone *Ascolta*.
L. Sono nata a Milano, in Lombardia, nel 1949.
M. Sono stato l'unico a vincere il campionato in 4 classi diverse: 125, 250, 500 e MotoGP.
N. Sono diventata famosa nel 1985 con le mie borse da* donna.

*G*lossario ■

classe: ....

da donna: ....
personaggi: ....
....
regista: ....
....
versione: ....

1 Vero o falso?

Prima di rispondere, completa le frasi.

1 Laura Pausini è diventata famosa nel 1993.

VERO ○   FALSO ○

2 Valentino Rossi è stato il più giovane campione della classe 125.

VERO ✓   FALSO ○

3 Miuccia Prada è divertata famosa con le borse da donna.

VERO ✓   FALSO ○

4 Roberto Benigni ha vinto due Premi Oscar

VERO ○   FALSO ✓

5 Miuccia Prada ha creato la Fondazione Prada, che si occupa di moda.

VERO ✓   FALSO ○

2 Luoghi famosi

Usa il codice e scopri il nome di…

☆ = A	✦ = I	✱ = N
★ = C	● = L	✚ = O
♥ = E	▲ = M	☐ = T

1 La città italiana famosa per la moda.

▲ ✦ ● ☆ ✱ ✚
M I L A N O

2 La famosa "città del cinema" a Roma.

★ ✦ ✱ ♥ ★ ✦ ☐ ☐ ☆
C I N E C I T T A

3 Incrocio di parole

Scrivi nello schema l'infinito di questi verbi al Passato Prossimo.

1 Sono stato.

2 Ho lavorato.

3 Ho creato.

4 Ha vinto.

5 È diventato.

6 Sono nata.

```
                              1
                              e
              3               s
        4     c         2     s
        v     r         l     e
    5 d i v e n t a r e
        n               v     r
        c               o     e
        e
        r               r
        e               a
                        r
        6 n a s c e r e
```

4 CILS Espressione orale

Riassumi ai tuoi compagni la vita di uno dei personaggi presentati. Parla del lavoro che ti piacerebbe fare.

Simboli d'Italia

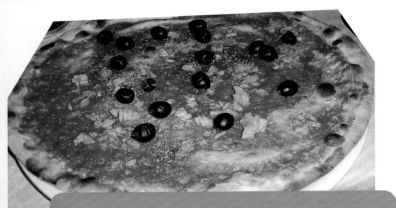

Il Colosseo
È il monumento romano più famoso del mondo.
Fu costruito tra il 72 e l'80 dopo Cristo.
Nel Colosseo si* svolgevano combattimenti* di
gladiatori, cacce ad animali feroci e battaglie navali.
Nel Colosseo potevano entrare 50 mila persone.

La pizza
È un cibo molto antico. Oggi, la pizza più famosa
è la pizza margherita. Fu inventata nel 1889
dal più bravo cuoco di Napoli Raffaele Esposito,
in onore della regina Margherita di Savoia.

La Ferrari
La casa* automobilistica Ferrari fu
fondata negli anni '30 da Enzo Ferrari,
ex pilota di Formula 1. Il simbolo della
Ferrari è il cavallino rampante*, in onore
di Francesco Baracca, eroe della Prima
Guerra Mondiale. Sul suo aereo, infatti,
Baracca aveva il disegno di un cavallino
rampante.

Il tricolore
Così si chiama la bandiera
italiana. Nacque ufficialmente
a Reggio Emilia il 7 gennaio
1797, quando gli italiani si
ribellarono al dominio* di
Napoleone. È il simbolo
dell'unità nazionale italiana.
Infatti, il bianco rappresenta
la neve delle Alpi, il rosso
il fuoco dei vulcani e il verde
il colore dei prati.

Il calcio
È lo sport nazionale italiano ed
è seguito e praticato da milioni
di persone. Le squadre più
amate sono la Juventus,
il Milan e l'Inter. Il colore della
Nazionale italiana è l'azzurro,
usato per la prima volta nel
1911. Era il colore della casa
reale dei Savoia.

Il cappuccino
È una bevanda di caffè e latte, che in
genere si beve la mattina. Il nome
deriva dalla tonaca* dei frati
"cappuccini", che hanno la tonaca
marrone. Secondo una recente*
ricerca, gli italiani lo amano più del
caffè espresso.

Glossario

casa: ....

combattimenti: ....
dominio: ....
rampante: ....

recente: ....
si svolgevano: ....

tonaca: ....

1 Rispondi alle domande.

1 Da chi fu fondata la casa automobilistica Ferrari?

....

2 In onore di chi fu inventata la pizza margherita?

....

3 Quando fu usato per la prima volta il colore azzurro dalla Nazionale?

....

4 Da chi fu usato il tricolore nel 1797?

....

5 Da che cosa deriva il nome "cappuccino"?

....

6 Quando fu costruito il Colosseo?

....

2 E in più...
... metti in ordine le frasi
e scopri altre curiosità.

1 Il nome "Colosseo" deriva da...

**lì vicino. / una colossale
statua / che era /
dell'imperatore Nerone**

....
....
....

2 Le Ferrari sono rosse perché...

**italiane / il rosso era / nelle
prime gare / il colore delle
auto / internazionali.**

....
....
....

3 Cercaparole

Trova nello schema 16 parole che hai letto.
Poi leggi il nome dei principali ingredienti
della pizza margherita
e scrivili vicino alla
foto giusta.

A ....

B ....

C ....

T	A	B	P	O	C	U	O	C	O	M	O	D
R	Z	A	R	E	A	L	E	C	A	S	A	U
I	Z	N	O	R	V	U	L	C	A	N	I	N
C	U	D	G	L	A	D	I	A	T	O	R	I
O	R	I	I	M	L	O	E	R	O	E	Z	T
L	R	E	Z	A	L	V	E	R	D	E	R	A
O	O	R	E	L	I	L	N	E	V	E	A	B
R	A	A	S	I	N	A	P	O	L	I	L	I
E	R	O	S	S	O	P	I	Z	Z	A	C	O

1

■ Ciao! Parli italiano?

La lingua italiana è parlata in 11 nazioni nel mondo: in Italia, Argentina, Brasile, Canada, Croazia, Libia, Principato di Monaco, Somalia, Svizzera, nell'isola di Malta, nella città francese di Nizza, in Corsica e, in più, nella Città del Vaticano e nella Repubblica di San Marino che si trovano in Italia. Si tratta di Paesi con cui l'Italia, in passato, ha avuto scambi* commerciali, politici o sociali. In tutto, la lingua italiana è parlata da quasi 70 milioni di persone e

presto saranno molte di più. In tutto il mondo, infatti, le iscrizioni ai corsi d'italiano sono aumentate del 40%, negli ultimi 5 anni.
Oggi l'italiano è la quinta lingua più studiata al mondo. Ecco l'opinione di due studenti di italiano.

Ciao, io mi chiamo **Ayako**, ho 17 anni e sono di Tokyo. In Giappone lo studio dell'italiano è* molto di moda! Noi giapponesi abbiamo grande interesse per la cultura e

Brandon

Ayako

1️⃣ Rispondi

Quali differenze hai notato sullo studio dell'italiano nel mondo?

....
....

2️⃣ Vero o falso?

1
La lingua italiana è parlata in 7 nazioni nel mondo.
VERO ⬤　FALSO ⬤

2
La lingua italiana è parlata da 50 milioni di persone nel mondo.
VERO ⬤　FALSO ⬤

3
In Giappone ci sono corsi di lingua italiana in televisione.
VERO ⬤　FALSO ⬤

4
La cultura italiana non è amata in Giappone.
VERO ⬤　FALSO ⬤

5
Negli Stati Uniti lo studio dell'italiano non è molto diffuso.
VERO ⬤　FALSO ⬤

6
Negli Stati Uniti vengono tradotti ogni anno 50 libri italiani.
VERO ⬤　FALSO ⬤

la moda italiane! Per noi quello che è italiano è bello! Per esempio, è molto di moda dare nomi italiani alle bambine e anche mangiare all'italiana*. 500 mila giapponesi studiano la lingua italiana, studiata anche in 20 università e in molte scuole private. Ci sono corsi di italiano in televisione e alla radio. I corsi televisivi sono* seguiti da 300 mila persone. Ogni anno vengono tradotti circa 50 libri di scrittori italiani.

Ciao a tutti! Io sono **Brandon** e abito a New York. Qui l'italiano è* entrato a far parte del *curriculum** scolastico e sta superando perfino lo studio

dello spagnolo. Oggi 60 mila studenti americani studiano l'italiano al liceo* e molti di loro lo studieranno anche all'università. Forse continuerò a studiarlo anch'io.

La Città del Vaticano
È lo Stato più piccolo del mondo, si trova nella città di Roma ed è la sede* del Papa. In questo piccolissimo stato si trova il centro della Cristianità. Ci sono anche alcune delle opere d'arte più belle del mondo, come la *Pietà* di Michelangelo.

La Repubblica di San Marino
È una Repubblica piccolissima e si trova al confine tra Marche ed Emilia Romagna. Ha il suo governo, la sua moneta e la sua bandiera.

Glossario

all'italiana: ....
....
curriculum: ....
....
è entrato a far parte: ....
....
è... moda: ....
....
liceo: ....
scambi: ....
sede: ....
sono seguiti: ....
....

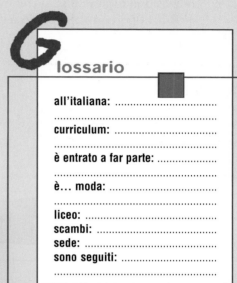

3 Le Guardie Svizzere
Ascolta il brano e segna le parole che senti.

- ✓ 1506
- ○ 1560
- ○ papa Giulio II
- ○ papa Giuliano II
- ✓ coraggio
- ○ formaggio
- ○ paura
- ✓ bravura
- ✓ fedeltà
- ○ correggono
- ✓ proteggono
- ○ cattolici
- ○ disonesti
- ✓ onesti
- ✓ spossati
- ○ sposati
- ✓ cerimonie
- ○ giro
- ✓ tiro
- ○ marce

4 Che musica!
Questo è un famoso gruppo musicale giapponese che ha un nome italiano. Usa il codice e scopri come si chiama.

✿ = A	✦ = I	☐ = T
★ = B	● = M	
♥ = C	▲ = O	

♥ ✦ ★ ▲ ● ✿ ☐ ☐ ▲
C I B O M A T T O

5 Espressione scritta
Immagina di scrivere il tuo *curriculum* scolastico e spiega perché studi l'italiano.

....
....
....
....

■ Parole famose

Sono molte le parole italiane conosciute nel mondo e riguardano soprattutto la cucina, la musica classica e l'arte. Questo perché, da sempre, l'Italia è legata* all'idea di "bello". La lingua italiana è legata ad idee come il divertimento, l'allegria, la fantasia… Per questo all'estero* è molto usata nella pubblicità. Alcune case automobilistiche danno nomi italiani alle loro auto e molti *slogan* usano la parola "amore". E non dimentichiamo i negozi e ristoranti con i nomi italiani! Il corso d'italiano della televisione inglese BBC si chiama *Leisure Italian* e organizza le sue lezioni su argomenti piacevoli come il cibo, l'opera lirica, il calcio e l'arte.

Un po' di storia

L'italiano ha* influenzato molto le altre lingue, dall'Europa del Nord all'Oriente. Vediamo insieme come.

Un caso particolare

Negli ultimi anni circa 10 mila italiani sono andati a vivere a Mosca, in Russia. Così, vicino alla Piazza Rossa oggi c'è una zona piena di negozi di grandi firme* italiane, e con almeno 150 ristoranti italiani. Inoltre, molte parole italiane sono entrate nell'uso quotidiano, come "matrimoniale*" per dire letto.

1200

1400

1492

1500

Nel Medioevo molti banchieri e mercanti avevano rapporti commerciali con quasi tutta l'Europa e con l'Oriente. Oggi sono molte le parole italiane usate nella finanza.

Nel 1400, con l'Umanesimo, l'Italia diventa la culla* dell'arte. Artisti da tutta Europa vengono in Italia per studiare letteratura, pittura, scultura e architettura e riportano nel loro Paese arte e… parole dell'arte.

Tutti conoscono Cristoforo Colombo, che scoprì l'America nel 1492. Ma l'Italia aveva moltissimi bravi marinai. Le parole italiane nella navigazione sono davvero tante.

Gli attori della Commedia dell'Arte viaggiavano per tutta l'Europa con i loro spettacoli. A Parigi avevano un successo straordinario e un loro teatro. Le parole italiane del teatro sono entrate un po' in tutte le lingue.

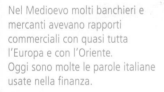

La Commedia dell'Arte

È un tipo di teatro nato in Italia nel Cinquecento. Gli attori della Commedia recitavano nelle piazze e nelle strade di tutta Europa, senza seguire un copione. I personaggi della Commedia erano le "maschere", cioè dei personaggi fissi come "il marito tradito", "l'avaro", il "servo furbo". Il commediografo veneziano Carlo Goldoni (1707-1793) cambiò profondamente la Commedia dell'Arte. Inserì l'uso di un copione e rese le "maschere" più umane, più vere, creando il teatro moderno.

1 Italiano per tutti

Ecco alcune delle parole italiane più usate nel mondo. Quali parole italiane si usano comunemente nel tuo Paese? Scrivile.

cibo	arte	design	sport	cibo	altro
spaghetti	affresco	moka	calcio	concerto	....
espresso	maiolica	vespa	regata	sonata	....
....	....	....	....	....	....
....	....	....	....	....	....
....	....	....	....	....	....

...ucina italiana è sempre
... famosa. Bravissimi
...hi lavoravano per re e
...ne. Chi veniva in Italia si
...morava del cibo
...no. Anche oggi…

A partire dal 1700, quando i musicisti italiani suonavano per re e regine di tutta Europa, molte parole italiane cominciarono ad essere usate nella musica. E non dimentichiamo il melodramma*!

2 Curiosità

Queste parole italiane si trovano in molte lingue. Tu conosci il loro significato esatto?

1 Confetti

a ☐ Piccoli dischi di carta colorata.

b ☐ Piccoli dolci composti da una mandorla coperta di zucchero.

c ☐ Cioccolatini ripieni.

2 Tramontana

a ☐ Vento freddo che viene dal nord.

b ☐ Luogo dove tramonta il sole.

c ☐ Donna che abita in montagna.

3 CILS
Espressione orale

Inventa uno slogan pubblicitario nella tua lingua, usando almeno una parola italiana.

lossario

all'estero: ....
culla: ....
esclamato: ....
firme: ....
ha influenzato: ....
legata: ....
matrimoniale: ....
melodramma: ....

Dai monti al mare

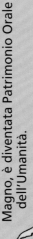

Le regioni italiane

Abruzzo
Il capoluogo è Pescara. Nel Parco Nazionale d'Abruzzo vive una specie particolare di orso, l'orso marsicano.

Basilicata
Il capoluogo è Potenza, ma la sua città più famosa è Matera. Qui, infatti, ci sono i Sassi, cioè case preistoriche scavate nella roccia, dichiarati Patrimonio dell'Umanità nel 1993 dall'UNESCO.

Calabria
Il capoluogo è Catanzaro. È una regione famosa per le montagne selvagge della Sila e dell'Aspromonte.

Lombardia
Il capoluogo è Milano, che è anche la città della moda ed è famosa per il suo duomo gotico e per il panettone.

Marche
Il capoluogo è Ancona. Nelle Marche sono nati il poeta Giacomo Leopardi (1798-1837) e il pittore Raffaello Sanzio (1483-1520). Il Palazzo Ducale di Urbino è una delle più belle costruzioni del Rinascimento.

Puglia
Il capoluogo è Bari. Ad Alberobello ci sono i trulli, delle case del 1500 a forma di cono. Nel 1996 l'UNESCO li ha dichiarati Patrimonio mondiale dell'Umanità.

Sardegna
Il capoluogo è Cagliari. Quest'isola è famosa per la bellezza dei suoi paesaggi, del suo mare e per i nuraghi, misteriose costruzioni preistoriche.

Sicilia
Il capoluogo è Palermo. Qui, nei secoli, si sono unite cultura araba, normanna, italiana, francese e spagnola. È famosa per i suoi buonissimi dolci. La tradizione teatrale dei pupi, grandi burattini di legno che raccontano le avventure di Carlo Magno, è diventata Patrimonio Orale dell'Umanità.

Toscana

Il capoluogo è Firenze. È la culla dell'arte e della lingua italiana. A Pisa c'è la famosa Torre pendente. A Siena troviamo invece il Palio, una corsa di cavalli che si svolge il 2 luglio e il 16 agosto.

Trentino Alto Adige

È divisa nelle due province autonome del Trentino (con capoluogo Trento e popolazione di origine italiana) e dell'Alto Adige (con capoluogo Bolzano e popolazione di origine tedesca).

Umbria

Il capoluogo è Perugia. Questa regione è detta "il cuore verde d'Italia", perché la sua natura è bellissima e perché si trova al centro dell'Italia. È la terra di San Francesco, patrono d'Italia. Il santo è sepolto ad Assisi nella bellissima basilica, decorata dal grande pittore Giotto.

Veneto

Il suo capoluogo è Venezia. Con i suoi canali e le sue gondole, è una delle città più belle del mondo. Ma è famosa anche Verona, per la sua arena romana dove oggi si fanno spettacoli lirici e perché è la città di Giulietta e Romeo.

Valle d'Aosta

Il capoluogo è Aosta. Qui si trova la montagna più alta delle Alpi, il Monte Bianco (4.810 metri). A gennaio, ad Aosta, c'è la fiera più antica d'Europa: ha più di mille anni!

Campania

Il capoluogo è Napoli. È famosa per la pizza, gli spaghetti e Pulcinella, una maschera "filosofica", che conosce bene la vita. Qui si trovano anche i resti della città romana di Pompei e di quella greca di Paestum, distrutte dal vulcano Vesuvio nel 79 dopo Cristo.

Emilia-Romagna

Il capoluogo è Bologna, dove si trova la più antica università dell'Occidente, fondata nel 1088. Altre città importanti sono Parma, famosa per il suo teatro lirico, e Faenza, famosa per le sue ceramiche.

Friuli-Venezia Giulia

Il capoluogo è Trieste, una città ricca di scambi culturali e storici con l'Austria, la Germania e l'Europa dell'Est.

Lazio

Il capoluogo è Roma, che è anche la capitale d'Italia. È una città ricchissima di storia e di arte. A Roma si trova anche la Città del Vaticano, sede del Papa.

Liguria

Il capoluogo è Genova, dove si trovano l'Acquario più grande d'Italia e una famosa Città della Scienza. Il piatto tradizionale è il pesto.

Molise

Il capoluogo è Campobasso. È una regione molto piccola, che offre soprattutto bellezze naturali.

Piemonte

Il capoluogo è Torino, dove si trova il Museo del Cinema e dove, nel 2006, si sono svolte le Olimpiadi Invernali. La zona delle Langhe è famosa per i tartufi.

17

■ Giro d'Italia... in poche parole

Conosciamo insieme le parole di base che servono per dire "Italia".

Le Alpi

Sono la catena montuosa più importante d'Europa e costituiscono il confine nord dell'Italia. Qui si trovano alcuni dei parchi nazionali più belli, come quello del Gran Paradiso in Val D'Aosta. L'artigianato delle Alpi è famoso in tutto il mondo: oggetti di legno, di pietra e abiti in lana cotta sono amatissimi dai turisti. Così come sono amati i formaggi, tutti buonissimi. Sono anche il paradiso dello sport: dallo sci all'alpinismo. Le Alpi prendono nomi diversi a seconda delle zone. La parte più famosa è sicuramente quella delle Dolomiti, in Trentino.

Le Cinque Terre

Si tratta di una zona sulla costa della Liguria dove si trovano i paesi di Monterosso, Vernazza, Corniglia, Manarola e Riomaggiore, Patrimonio dell'Umanità dal 1997. La bellezza di questi luoghi è straordinaria. Sono famose anche le coltivazioni a terrazza. Si tratta di coltivazioni fatte lungo le colline e protette da muretti. Tutti i muretti, messi insieme, sono più lunghi della Muraglia cinese.

La Maremma

È una zona a sud della Toscana, sul mar Tirreno, ma non ha confini ben precisi. In passato era una zona piena di paludi. Oggi, dopo la bonifica, mantiene ancora un aspetto selvaggio, fatto di monti, pianure, colline, spiagge. È famosa anche per i butteri, i cow boy italiani, che allevano cavalli.

Gli Appennini

Sono la catena montuosa che attraversa l'Italia da nord a sud e divide l'Italia in tirrenica (la parte sul mar Tirreno) ed adriatica (la parte sul mar Adriatico). Le montagne degli Appennini sono meno alte di quelle delle Alpi.
La montagna più alta è il Gran Sasso (2.912 metri).

Completa la cartina.

Guarda la cartina e abbina fiumi, laghi e isole al nome giusto.

Fiumi principali:

a ☐ Po 652 Km

b ☐ Adige 410 Km

c ☐ Tevere 405 Km

La Val Padana

Si tratta di una grandissima pianura, creata dal fiume Po nei secoli, che attraversa il Piemonte, la Lombardia, l'Emilia Romagna e il Veneto. È una zona ricchissima di storia e arte. Il Delta del Po, inoltre, è uno dei parchi naturali più belli d'Italia.

Laghi principali:

a ☐ Lago di Garda 370 Km^2

b ☐ Lago Maggiore 170 Km^2 (parte italiana)

c ☐ Lago di Como 146 Km^2

d ☐ Lago Trasimeno 128 Km^2

Isole principali:

a ☐ Sicilia

b ☐ Sardegna

c ☐ Isola d'Elba

I vulcani

L'Italia è anche terra di vulcani... attivi. Tra i più famosi ci sono l'Etna, in Sicilia, Vulcano e Stromboli, sulle due isole omonime vicino alla Sicilia, e il Vesuvio, in Campania, vicino a Napoli.

2

■ Un giorno a Roma

Ecco una mappa stilizzata* di Roma.
Siete pronti per una bella passeggiata?
Usate il codice e scoprite i nomi dei
luoghi.

✪ = A		■ = N	
★ = C		✳ = O	
♥ = D		♨ = P	
✦ = E		❖ = R	
● = F		○ = S	
▲ = G		☆ = T	
✳ = I		✜ = V	
✚ = L		▼ = Z	
▢ = M			

A L'architetto
Francesco De Sanctis ha
progettato la famosa
scalinata nel 1723. Tra
aprile e maggio sulla
scalinata c'è una
grandissima esposizione
di azalee. All'inizio
dell'estate, invece, qui si
svolge una prestigiosa*
sfilata di moda
all'aperto.

B È famosa per le sue colonne, progettate
dall'architetto Gian Lorenzo Bernini (1598-1680).
Al centro della piazza c'è un antico obelisco*
egiziano. Davanti c'è la Basilica di San Pietro,
la più grande chiesa del mondo cristiano. È stata costruita
sul luogo dove si trova la tomba di San Pietro.

Via Condotti

Via della Conciliazione

Fiume Tevere

Corso Vittorio Emanuele

C Nel 1537 Michelangelo costruì la piazza. Al centro della
piazza c'è la statua dell'imperatore romano Marco Aurelio.
Intorno alla piazza ci sono tre palazzi:
il Palazzo Nuovo, il Palazzo Senatorio e
il Palazzo dei Conservatori. Nel Palazzo
Nuovo e nel Palazzo dei Conservatori ci
sono i Musei Capitolini, i più antichi
musei del mondo. Nel Campidoglio c'è
anche la sede del Comune di Roma.

E Era il luogo più importante dell'antica
Roma, il centro della vita politica, giuridica e
sociale. Qui si trovavano la sede del senato
romano, le tribune* dove parlavano
gli oratori, il tempio
di Vesta, la dea
protettrice di
Roma, la Via Sacra
e la tomba di
Romolo. Oggi è
il più grande
complesso* di
monumenti
dell'antica Roma.

D Qui di giorno puoi vedere molti pittori che
dipingono, mentre di notte è uno dei luoghi più
amati da giovani e turisti. Ha una forma molto lunga,
perché è stata costruita su un antico stadio* romano,
lungo 276 metri e largo 54. Qui si trova la "Fontana
dei Fiumi" di Gian Lorenzo Bernini.

1 Trova l'aggettivo.

Quale di questi aggettivi è usato al grado superlativo relativo nel testo?

- ○ bella
- ○ importante
- ○ molti
- ○ lunga
- ○ vasto
- ○ grande
- ○ colossale
- ○ amati
- ○ antichi
- ○ sotterranee
- ○ famoso
- ○ lungo

2 Vero o falso?

Trastevere è un pittoresco quartiere di Roma. Ascolta il brano su Trastevere e segna se queste frasi sono vere o false.

1 Il nome Trastevere significa "sotto al Tevere". VERO ○ FALSO ✓

2 È sempre rimasto fuori dalla città vera e propria. VERO ✓ FALSO ○

3 Durante la Repubblica romana divenne il quartiere dei soldati. VERO ○ FALSO ✓

4 Durante l'impero romano diventò un quartiere grandissimo e ordinato. VERO ○ FALSO ✓

5 Papa Giulio II lo unì a San Pietro con due grandi strade. VERO ✓ FALSO ○

6 Oggi Trastevere è famoso per il suo aspetto pittoresco. VERO ✓ FALSO ○

3 CILS
Espressione orale

Immagina di essere una guida turistica e illustra ai tuoi compagni i monumenti di Roma.

F È il monumento di Roma più famoso al mondo. Il suo vero nome è "anfiteatro Flavio" e fu inaugurato* nell'80 d.C. dall'imperatore Tito. Qui si svolgevano i combattimenti dei gladiatori, gli spettacoli di caccia e si eseguivano le pene di morte. Il suo nome deriva da una colossale statua dell'imperatore Nerone che era lì vicino.

Glossario

complesso: ....
....
inaugurato: ....
....
obelisco: ....
....
....
prestigiosa: ....
....
stadio: ....
....
....
stilizzata: ....
....
tribune: ....
....

■ Un'amica a Firenze

Ciao! Io mi chiamo Sabrina e abito a Firenze. Vorrei farti conoscere i luoghi più interessanti della mia città. Vieni con me.

Un tesoro di tutti *proud*

Io sono molto <u>orgogliosa</u> di essere fiorentina*. Firenze è una delle città d'arte più famose d'Italia. Il suo centro storico è stato dichiarato Patrimonio Mondiale dell'Umanità dall'UNESCO. Nel Medio Evo era una delle più importanti città commerciali. Dal 1434 al 1737 fu sotto il dominio* della famiglia Medici. A questa famiglia appartennero la terribile Caterina de' Medici, che divenne regina di Francia, e Lorenzo de' Medici, grande uomo politico e mecenate*. A Firenze nacque la corrente artistica del Rinascimento, che si basava sull'idea classica di "armonia", "bellezza" e "centralità" dell'uomo nel mondo.

Santa Maria del Fiore

È il duomo di Firenze, uno dei simboli della città e del Rinascimento. La sua costruzione, iniziata da Arnolfo di Cambio (1245-1302), è durata 170 anni! All'interno ci sono capolavori di grandi pittori come Paolo Uccello (1397-1475). Davvero straordinaria è la cupola, costruita da Filippo Brunelleschi (1377-1446). Brunelleschi, per primo, costruì una cupola senza sostegni* all'interno. Il campanile, progettato da Giotto (1267-1337), è un capolavoro di colori e leggerezza. Il Battistero di San Giovanni ha la meravigliosa porta di bronzo di Lorenzo Ghiberti (1378-1455), così bella da essere chiamata "Porta del Paradiso".

Ponte Vecchio

Sul ponte ci sono negozi di orafi*. Sopra ai negozi si trova il Corridoio Vasariano, un lungo passaggio "segreto" che permetteva alla famiglia Medici di andare da Palazzo Pitti, dove viveva, a Palazzo Vecchio, sede del Governo. Oggi c'è un'importante galleria d'arte.

La Galleria degli Uffizi

È un bellissimo e antico museo che ospita* la più grande collezione di opere dell'arte italiana dal Medio Evo al 1600. Tra i capolavori da* non perdere c'è *La Venere* di Sandro Botticelli (1445-1510).

Piazza della Signoria

Qui si trova Palazzo Vecchio, costruito da Arnolfo di Cambio nel 1299. Era sede del governo di Firenze. Non è molto bello… In effetti, Firenze era sempre in guerra e il governo aveva bisogno di un palazzo forte e resistente* contro i nemici.

Firenze in bici

Ora, da Palazzo Pitti, andiamo all'Ospedale degli Innocenti.
Che cosa incontri lungo la strada?

Glossario

da non perdere: ....
dominio: ....
fiorentina: ....
mecenate: ....
....
orafi: ....
ospita: ....
....
resistente: ....
sostegni: ....

Basilica
di S. Croce

Palazzo
della Signoria

Gli
Uffizi

Duomo

Ponte
Vecchio

Palazzo
Pitti

Ospedale
degli innocenti

Palazzo
Strozzi

S. Lorenzo

Basilica
S. Maria Novella

In giro per Venezia

Un po' di storia

Venezia fu fondata tra il 500 e il 1000 dopo Cristo, dagli abitanti di molte città del Veneto che fuggivano sulle isole della laguna, per salvarsi dagli attacchi dei popoli dell'Est Europa. Tra il 1100 e il 1400 diventò una città ricca e potente, sia in politica che nei commerci. Era la "regina dei mari" e commerciava con i Paesi del Mediterraneo e dell'Oriente. A partire dal 1500 il suo potere economico e politico cominciò a diminuire*. I Turchi, infatti, conquistarono il Mediterraneo e la scoperta dell'America aprì nuovi mercati.

Il carnevale di Venezia

È il carnevale più famoso d'Italia ed è nato nel X secolo. Già allora i veneziani indossavano maschere e costumi e facevano festa per le strade. Nel 1700 il carnevale diventò così bello ed elegante da diventare famoso in tutto il mondo. A carnevale migliaia di persone arrivano a Venezia, tanto che ci sono i sensi* unici per i pedoni*.

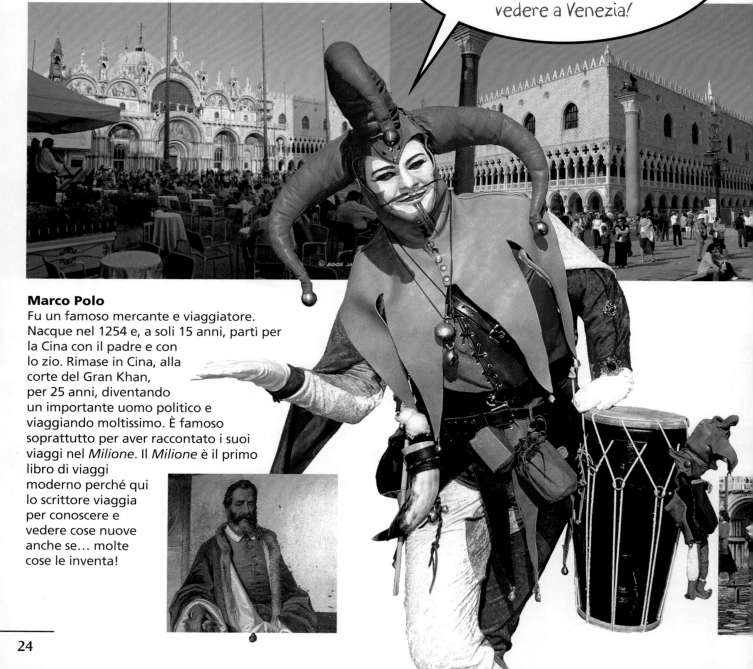

> Ciao! Io mi chiamo Stefano e abito a Venezia. Sono in maschera perché è carnevale. Dietro di me potete vedere la basilica di San Marco e il Palazzo Ducale. Ma ci sono tante cose da vedere a Venezia!

Marco Polo

Fu un famoso mercante e viaggiatore. Nacque nel 1254 e, a soli 15 anni, partì per la Cina con il padre e con lo zio. Rimase in Cina, alla corte del Gran Khan, per 25 anni, diventando un importante uomo politico e viaggiando moltissimo. È famoso soprattutto per aver raccontato i suoi viaggi nel *Milione*. Il *Milione* è il primo libro di viaggi moderno perché qui lo scrittore viaggia per conoscere e vedere cose nuove anche se… molte cose le inventa!

1 Ama Venezia!

Venezia è una città molto fragile e antica.
Inoltre, Venezia è una città sul mare, ma... non è
una spiaggia! Completa le norme per "amare
Venezia".

- MANGIARE • COSTUMI DA BAGNO
- FARE RUMORE • SCRIVERE

1 È vietato _ _ _ _ _ _ _ _ _ sui muri

e sui monumenti.

2 Non _ _ _ _ _ _ _ _ _ o bere seduti per terra.

3 Non indossare _ _ _ _ _ _ _ _ _ _ _ _ _ _ _

per le vie della città.

4 Non _ _ _ _ _ _ _ _ _ _ in strada dopo le 23.

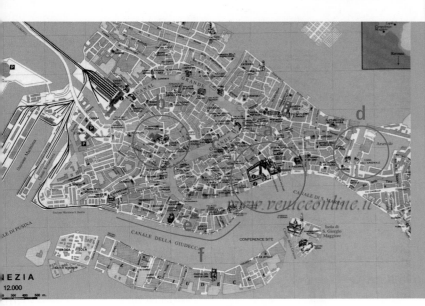

2 Luoghi famosi

Abbina ad ogni monumento
la descrizione giusta.

Palazzo Ducale

A ....

Piazza San Marco

B ....

Ponte dei Sospiri

C ....

1 Prende il nome dalla famosa basilica
costruita nell'832. In passato però si
chiamava "Piazza di sotto" o "Piazza
della Rosa". Il campanile, nel passato,
era un faro per i marinai.

2 Qui abitava il Doge, il capo del
Governo veneziano.

3 Nel 1600 collegava Palazzo Ducale
con le prigioni dei Piombi.
Per questo ha un nome così triste!

a. Piazza San Marco, Palazzo
   Ducale, Ponte dei Sospiri.
b. La Chiesa dei Frari
c. Il Canal Grande
d. L'Arsenale
e. Le Zattere
f. Il Canale della
   Giudecca

La gondola

Ha una forma
asimmetrica*, infatti
il lato sinistro è più
largo di quello
destro: questo
perché c'è solo una
persona che rema*.

Oggi le gondole sono nere, ma nel passato erano molto ricche e
colorate. Oggi i turisti viaggiano in gondola seduti ma, in realtà, in gondola si
viaggia in piedi.

"L'acqua alta"

Significa che parte delle isole di Venezia vengono
coperte dall'acqua del mare. In queste occasioni
le persone camminano su passerelle* per non
bagnarsi. Dopo l'acqua alta, i veneziani devono
lavare bene muri e pavimenti, perché il sale
li danneggia.

Glossario

asimmetrica: ....
....
diminuire: ....
....
passerelle: ....
....
pedoni: ....
....
rema: ....
....
sensi unici: ....
....
....

La scuola

La scuola in Italia

Ciao amici. Io sono Alessandro, ho 16 anni e frequento il Liceo Classico a Milano. Con le mie compagne Chiara e Lucilla abbiamo fatto una breve ricerca sulla situazione scolastica in Italia.

Tutti a scuola

In Italia ci sono 7 milioni e mezzo di studenti. L'anno scolastico, per* legge, deve essere di almeno 200 giorni. Si inizia la seconda settimana di settembre, ma la data esatta può cambiare a* seconda delle regioni. In genere, devono tornare a scuola prima gli studenti del Nord, poi quelli del Centro e, infine, quelli del Sud. Per l'inizio delle vacanze estive, invece, si deve fare il contrario, iniziando dalla prima settimana di giugno. Le vacanze di Natale devono essere uguali per tutti: dal 23 dicembre al 7 gennaio. Quelle di Pasqua, invece, possono variare, perché possono durare da una settimana a una decina di giorni a seconda delle regioni.

Studenti stranieri

In Italia sono circa 500 mila, cioè il 4,2% degli studenti. Vengono soprattutto da Albania, Marocco, Romania e Cina e, per la maggior parte, vivono al Nord. L'integrazione* in genere è buona, ma ci sono ancora problemi linguistici e culturali. Per questo è nato l'Ufficio per l'integrazione, che aiuta i ragazzi stranieri e le loro famiglie ad integrarsi nella scuola italiana. Secondo l'Ufficio per l'integrazione, tutte le classi devono essere miste* e i genitori devono partecipare alla vita scolastica dei figli. Il "mediatore* interculturale" deve creare una buona comunicazione tra la scuola e i ragazzi stranieri.

La scuola... in breve

- La carriera scolastica è divisa in Scuola Prima, Scuola Secondaria di Primo Grado e Scuola Secondaria di Secondo Grado.

- I ragazzi devono andare a scuola dai 6 anni (o anche prima) fino ai 16 anni.

- La scuola può essere anche a tempo* pieno o a tempo* prolungato.

- Le varie scuole devono organizzarsi per insegnare l'italiano ai ragazzi immigrati* e ai loro genitori e superare le differenze culturali.

- Gli insegnanti devono far partecipare i genitori alla vita scolastica dei figli.

A ciascuno il suo

Ecco tre ragazzi italiani. In base all'età e alla provenienza, prova a descrivere la loro vita scolastica.

Lucrezia ha 8 anni e vive a Milano.

....
....
....

Andrea ha 12 anni e vive a Perugia.

....
....

Federico ha 17 anni e vive a Palermo.

....
....
....

2 L'uso dei verbi servili

Rileggi la ricerca di Alessandro e completa le frasi nel modo giusto.

1 L'anno scolastico .... di almeno 200 giorni.

2 La data esatta d'inizio .... a seconda delle regioni.

3 .... a scuola prima gli alunni del Nord.

4 Per l'inizio delle vacanze estive .... il contrario.

5 Le vacanze di Natale .... per tutti.

6 Le vacanze di Pasqua .... da una settimana a una decina di giorni.

3 CILS

Espressione orale

Immagina di essere un "mediatore interculturale" in Italia. Devi creare un dialogo tra uno studente del tuo Paese e un professore italiano. Poni allo "studente" le seguenti domande:

- Come ti trovi in Italia?
- Quali sono le tue principali difficoltà?
- Che cosa vuoi raccontare ai compagni del tuo Paese?
- Come funziona la scuola nel tuo Paese?

Licei ed istituti

I licei si dividono in: classici, scientifici e psico-sociopedagocici.
Gli altri tipi di scuole superiori si chiamano Istituti.
Al Liceo Classico si studiano soprattutto materie "classiche", come letteratura italiana, greco antico, latino, storia e filosofia.

Glossario

a seconda: ....
immigrati: ....
....
integrazione: ....
....
mediatore: ....
....
miste: ....
....
per legge: ....
tempo pieno: ....
....
tempo prolungato: ....
....
....
....

 www.istruzione.it

■ Un normale martedì

Eccomi di nuovo qua! Voglio raccontarvi una mia normale giornata scolastica…
quella di martedì scorso.

Ore 6 e tre quarti: suona la sveglia e devo prepararmi in fretta o arriverò in ritardo. La scuola comincia alle 8 e un quarto e devo fare* un'ora di metropolitana! Come al solito arriverò ultimo e la campanella sarà già suonata! Infatti… proprio così! Arrivo di corsa in classe. Appena in tempo!

Prima ora. La professoressa di italiano, con molta calma, dice che alla seconda* ci sarà l'interrogazione. Non è una bella notizia: alla terza io avrò l'interrogazione in latino! Fortunatamente troviamo un volontario*…

L'intervallo! Esco velocemente dall'aula, ma davanti al distributore* delle merendine* c'è già una lunga fila e io sono l'ultimo. La fila scorre così piano…

Terza ora: c'è latino e tocca a me. L'interrogazione va bene e mi rilasso. La quarta ora va bene… facciamo un po' di conversazione di gruppo in inglese.

Finalmente l'ultima ora! Il professore di greco è molto severo, ma mi ha già interrogato. Improvvisamente sento il professore che dice: "Alessandro, vieni alla lavagna e traduci correttamente questa frase di Senofonte".
Oh, no!

Il mio orario scolastico

	Lunedì	Martedì	Mercoledì	Giovedì	Venerdì	Sabato
8.15	Inglese	Italiano	Storia	Geografia	Italiano	Greco
9.15	Educazione Fisica	Italiano	Latino	Educazione Fisica	Latino	Greco
10.10	Matematica	Latino	Religione	Storia	Latino	Geografia
11.20	Greco	Inglese	Italiano	Inglese	Matematica	Italiano
12.20	Latino	Greco	/	/	/	/
13.15						

Come vedete, i primi due giorni della settimana devo fare* cinque ore, gli altri devo farne quattro. Comunque, secondo me, il giorno peggiore è il sabato, perché ho greco nelle prime due ore. Tu che scuola frequenti? Qual è il tuo orario scolastico? Hai un giorno preferito?

1 🎧 Le parole della scuola

Ora ascolta un brano di un articolo del quotidiano *La Repubblica*. Parla dell'Esame di Stato, detto "Maturità" che chiude la Scuola Secondaria. Ascoltalo bene e scrivi, vicino ad ogni definizione, la parola che ti sembra giusta. Le definizioni sono in ordine di ascolto.

1 ....: (qui) studenti che si preparano all'Esame di Stato.

2 ....: studenti che studiano nelle scuole private.

3 ....: sinonimo di Esame di Stato.

4 ....: gruppo di professori che interrogano gli studenti alla Maturità.

5 ....: abbreviazione di "professori".

6 ....: scuola privata con gli stessi diritti di quelle pubbliche.

7 ....: studente privatista che sostiene l'Esame in una scuola statale.

Glossario

distributore: ....
....
fare un'ora: ....
....
fare: ....
merendine: ....
....
seconda: ....
volontario: ....
....

2 Un liceo storico di Milano

Fu fondato nel 1774 dall'imperatrice Maria Teresa d'Austria. Qui hanno insegnato molti famosi scrittori italiani. Come si chiama oggi questo liceo? Trova nello schema 21 parole e scoprilo.

G	R	E	C	O	L	M	I	C	I	E	M
P	R	I	M	A	S	E	C	O	N	D	A
O	S	U	O	N	A	T	A	R	T	C	C
R	I	L	S	F	T	R	A	A	E	G	C
I	N	T	E	R	R	O	G	A	R	E	H
T	G	S	V	A	A	P	I	M	V	O	I
A	L	A	E	S	D	O	O	A	A	G	N
R	E	B	R	E	U	L	R	T	L	R	E
D	S	A	O	S	R	I	N	E	L	A	T
O	E	T	S	I	R	T	I	R	O	F	T
C	O	O	G	I	E	A	U	I	S	I	A
E	L	A	V	A	G	N	A	A	P	A	P
V	O	L	O	N	T	A	R	I	O	E	P
A	R	S	V	E	G	L	I	A	I	N	I

3

■ Università famose

In Italia ci sono moltissime università.
Entriamo in quelle più antiche e prestigiose.

www.unibo.it

L'Alma Mater Studiorum di Bologna

È la più antica università del mondo occidentale. I primi documenti ufficiali sono del 1317, ma è stata fondata nel 1088. L'università nasce da una prestigiosa scuola di giurisprudenza*. Questa scuola, detta *Studium*, nacque da un gruppo di studenti che vollero scegliere personalmente e liberamente i loro professori. Lo *Studium* divenne importantissimo quando, con lo studio dei Codici* del Diritto Romano, pose* le basi di tutta la giurisprudenza europea. Oggi ha 23 facoltà* e qui studiano più di 100 mila studenti. Ha sedi* anche a Cesena, Ravenna, Rimini e Buenos Aires (Argentina) e una scuola per l'eccellenza negli studi, il Collegio Superiore.

www.uniroma1.it

Università La Sapienza di Roma

È la più grande università d'Europa e la seconda nel mondo per numero di studenti, dopo l'università del Cairo. È stata fondata nel 1303 da papa Bonifacio VIII. Oggi ha 21 facoltà, 21 musei e 155 biblioteche. È anche l'unica università italiana tra le prime 100 del mondo.

La Scuola Normale Superiore di Pisa

In realtà, non è un'università, come molti erroneamente pensano, ma un centro di ricerca. Nacque ufficialmente, per volontà di Napoleone, il 18 ottobre 1810 come succursale* dell'*École Normale Supérieure* di Parigi. Ha due indirizzi*: Lettere e Filosofia e Scienze matematiche fisiche e naturali. I "normalisti" sono, in realtà, studenti dell'Università di Pisa, ma devono seguire i corsi annuali alla Normale e avere voti molto buoni, altrimenti* vengono espulsi*.

www.sns.it

Il Politecnico di Milano

È un'università scientifico-tecnologica che crea tecnici, ingegneri e architetti tra i più bravi del mondo. Il suo metodo di studio si basa sulla ricerca, sulla sperimentazione e sul contatto diretto con le aziende. È stata fondata nel 1863 da un gruppo di studenti ed industriali delle più importanti famiglie di Milano. Oggi andare al Politecnico non è solo una garanzia per il futuro, ma un vero
status symbol.

www www.polimi.it

Università Cattolica del Sacro Cuore

Si trova a Milano ed è la più grande università non statale in Europa e la più grande università cattolica del mondo. Ufficialmente, è stata fondata nel 1921 da padre Agostino Gemelli. La prima sede era in via Sant'Agnese 2. Oggi, invece, si trova vicino alla Basilica di Sant'Ambrogio. Oggi ha sedi a Brescia, Cremona, Piacenza, Roma e Campobasso. È sicuramente una delle università più moderne nella ricerca e nell'insegnamento.

www www.unicatt.it

Il progetto Erasmus

Nato nel 1987, il Progetto Erasmus permette agli studenti universitari di studiare all'estero per un certo periodo di tempo. Ha permesso a più di un milione di giovani europei di studiare in università di altri Paesi. Di questi, più di 100 mila sono italiani.

1. Vero o falso?

1 L'Alma Mater Studiorum è la più antica università del mondo occidentale. VERO ○ FALSO ○

2 Nacque da un gruppo di professori. VERO ○ FALSO ○

3 Il metodo di studio del Politecnico si basa sulla ricerca. VERO ○ FALSO ○

4 L'Università Cattolica è la più grande università statale del mondo. VERO ○ FALSO ○

5 Si trova in via Sant'Agnese 2. VERO ○ FALSO ○

6 L'università La Sapienza di Roma è stata fondata da Giovanni Paolo II. VERO ○ FALSO ○

7 È l'unica università italiana tra le prime 100 del mondo. VERO ○ FALSO ○

8 La Scuola Normale di Pisa non è un'università. VERO ○ FALSO ○

2. La feluca

È il tradizionale cappello degli universitari. Ogni Facoltà ha la feluca di un colore diverso. Scrivi vicino ad ognuna di queste la Facoltà giusta.

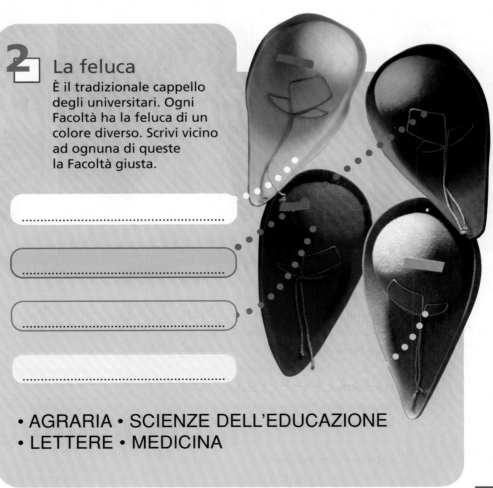

....

....

....

....

• AGRARIA • SCIENZE DELL'EDUCAZIONE
• LETTERE • MEDICINA

Glossario

altrimenti: ....
....
codici: ....
....
espulsi: ....
facoltà: ....
giurisprudenza: ....
indirizzi: ....
pose le basi: ....
sedi: ....
....
....
succursale: ....
....
....

Società

■ Vivere insieme

La società italiana è molto cambiata negli ultimi anni. Vediamo come.

La famiglia

In questi ultimi anni ci sono state molte gravi crisi politiche ed economiche nel mondo, che hanno creato insicurezza. Per questo, ultimamente*, in Italia si è riscoperto il valore* della famiglia. Su 60 milioni di abitanti, ci sono quasi 19 milioni di famiglie. Oggi la famiglia – che in molti casi non è più quella tradizionale – significa soprattutto "amore" e "serenità". Una famiglia con doveri ben divisi tra uomini e donne, perché gli impegni quotidiani sono tanti ed è necessaria una buona organizzazione. Il 60% degli italiani, infatti, ha orari di lavoro fissi* e diventa difficile organizzare la vita privata.

L'amore

Una ricerca sui *single* in Europa dice che quelli italiani hanno un grande sogno: sposarsi. In Italia, però, <u>ci si sposa</u> di meno e tardi, spesso dopo i 30 anni. I motivi sono molti: trovare lavoro, trovare una casa economica, finire gli studi e… godersi* un po' la vita. Così molti ragazzi restano con i genitori fino a 30 anni. Trovare l'amore, però, resta* importantissimo.

Il tempo libero

Secondo l'Istat gli italiani hanno meno di 4 ore di tempo libero al giorno (la media più bassa d'Europa) e un grande bisogno di piccoli piaceri. Denaro e carriera, infatti, hanno perso molta importanza e il tempo libero è diventato prezioso. Lo si passa soprattutto guardando la tv, stando con gli amici, leggendo e facendo sport. Una moda recente è frequentare corsi di tutti i tipi per imparare qualcosa di nuovo e stare in compagnia. Si continua a viaggiare, anche se le vacanze sono diventate più brevi* per questioni economiche.

La classifica dei valori per gli italiani		La tua classifica di valori
1 avere una bella famiglia	90%	**1** ....
2 avere più tempo libero	82%	**2** ....
3 stare bene con se stessi	68%	**3** ....
4 stare bene con amici e parenti	51%	**4** ....
5 fare il proprio dovere	48 %	**5** ....
6 imparare cose nuove	43 %	**6** ....

1 Cosa ne pensi?

Scrivi la tua opinione sulla società italiana.

....

....

....

2 Rispondi alle domande.

1 Perché si resta con i genitori fino a 30 anni?

gli italiani devono trovare lavoro, comprare una casa ecc.

2 Perché si impone una buona organizzazione familiare?

....

3 Perché si ritiene il tempo libero prezioso?

....

4 Noti dei contrasti nel modo di vivere degli italiani?

....

3 Che passione!

Gli italiani hanno la passione dei corsi. Soprattutto dei corsi di... trova nello schema 14 parole e scoprilo.

□□□□□
....

□□□□□□ —
....

□□□□□□□□□□
....

B	T	E	N	D	E	N	Z	A	A
C	P	S	T	U	D	I	L	L	S
A	I	P	O	L	A	F	S	A	P
R	A	O	C	A	S	A	E	B	O
R	C	R	T	I	N	M	R	I	S
I	E	T	S	O	C	I	E	T	A
E	R	V	I	T	A	G	N	A	R
R	I	O	A	M	E	L	I	N	S
A	R	O	R	A	R	I	T	T	I
I	C	A	M	O	R	E	A	I	A
N	O	C	A	M	B	I	A	R	E

Facciamo* due chiacchiere?

Nelle loro conversazioni, ogni giorno gli italiani dedicano:

- **30** secondi ai libri
- **52** minuti al calcio
- **2** minuti alla politica
- **19** minuti al cibo
- **20** minuti all'amore
- **37** minuti al lavoro

Glossario

brevi: ....
facciamo due chiacchiere: ....
fissi: ....
godersi... vita: ....
resta: ....
ultimamente: ....
valore: ....

ISTAT

È l'Istituto Nazionale di Statistica. Nato nel 1926, è un istituto indipendente e ha lo scopo di fare ricerche sulla società italiana.

www www.istat.it

Paese che vai...

... usanze che trovi. Abbiamo intervistato tre ragazzi che hanno trascorso un mese in Italia. Scopriamo che cosa li ha colpiti* del nostro modo di vivere.

Ciao! Io sono Fintan, ho 18 anni e sono di Cork, in Irlanda.

In Italia raramente si mangia fuori* pasto, io invece mangio quando ho fame. Da voi si cura molto la preparazione dei cibi e della tavola. A pranzo si mangia qualcosa di veloce, ma a cena si mangia con calma e si passa un po' di tempo a tavola. Mi ha colpito anche la cura per i vestiti. Secondo me tutti gli italiani erano maniaci delle moda, ma non è così. Tutti amano vestire "bene", cioè abbinare* bene tessuti e colori e indossare vestiti che stanno bene addosso*.

Quello che non mi è piaciuto è che gli italiani sono frenetici* e lavorano moltissimo.

Ciao! Io sono Henrikki e sono finlandese.

Gli italiani, quando ti parlano, ti toccano. Lo fanno per abitudine e non* se ne accorgono nemmeno, ma a me dà un po' fastidio. Non sono così socievoli* come si dice, però sicuramente amano la gente che sorride. Se avete bisogno di qualcosa, chiedetelo con un sorriso! Sicuramente sono ospitali. Ti invitano a casa, al bar o in pizzeria. Spesso si paga a turno: una volta per uno. Comunque, capita anche di pagare "alla romana", cioè ognuno per sé. Amano anche passeggiare, solo per il piacere di camminare e guardare la gente per strada. In Finlandia, con il freddo che fa, non passeggiamo spesso...

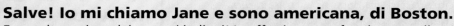

Salve! Io mi chiamo Jane e sono americana, di Boston.

Ero molto curiosa dei ragazzi italiani! In effetti, amano fare la corte alle ragazze ma queste non li prendono molto sul serio... Fare la corte, spesso, è un gioco: significa solo che sei simpatica o che ti vogliono conoscere. Un'altra cosa che mi ha colpito è la mania per la pulizia. È difficile trovare una casa sporca o disordinata. E non parliamo della cura del corpo! Secondo me, spendono una* fortuna in saponi, creme e palestre.

Orari

Negozi: al mattino aprono alle 9 e chiudono all'ora di pranzo. Nel pomeriggio aprono tra le 4 e le 5 e chiudono tra le 7 e le 8.

Pasti: Al Sud si tende a mangiare più tardi, quando è possibile. Così se a Milano si pranza all'una e si cena alle sette, a Palermo si pranza alle due e si cena alle dieci.

Banche: aprono alle 9 e chiudono all'ora di pranzo. Nel pomeriggio sono aperte, ma non tutte, tra le 14 e le 16.

Ufficio postale: fa orario continuato dalle 8.30 fino alle 18.30.

Glossario

abbinare: ....
....
addosso: ....
colpiti: ....
....
frenetici: ....
....
....
fuori pasto: ....
....
non se ne accorgono:
....
socievoli: ....
....
una fortuna: ....
....

1 Vero o falso?

1 In Italia in genere si mangia fuori pasto. VERO ○ FALSO ○

2 Si cura molto la preparazione della tavola. VERO ○ FALSO ○

3 A pranzo si mangia con tutta calma. VERO ○ FALSO ○

4 Vestire bene significa seguire la moda. VERO ○ FALSO ○

5 Gli italiani non amano perdere tempo. VERO ○ FALSO ○

6 Gli italiani amano la gente che sorride. VERO ○ FALSO ○

7 Al bar si offre a turno. VERO ○ FALSO ○

8 Si può pagare anche "alla romana". VERO ○ FALSO ○

2 Alla posta

Sei in un ufficio postale e devi spedire una lettera raccomandata. Completa il dialogo.

Impiegato: Buongiorno.

Tu: Buongiorno, dovrei spedire questa lettera.

Impiegato: Posta .... ?

Tu: No, raccomandata.

Impiegato: Con .... di ritorno?

Tu: Sì, grazie.

Impiegato: Allora, ... questo modulo per il .... e quest'altro con il suo indirizzo.

Tu: Fatto… Quant'è?

Impiegato: Cinque euro e venti.

Tu: Ecco a lei, buona giornata.

• DESTINATARIO • NORMALE • COMPILI • RICEVUTA

3 Ascolta il dialogo.

Dove sono i personaggi?
Di che cosa stanno parlando?
Segna la risposta giusta.

☐ in banca
☐ all'ufficio postale
☐ in un negozio
☐ al bar
☐ cambiano dei soldi
☐ spediscono un pacco
☐ comprano un vestito
☐ bevono qualcosa

4 Un macchiato freddo

Hai ascoltato il dialogo? Che cos'è un "macchiato freddo"?
Usa il codice e scoprilo.

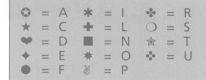

☺ = A	✳ = I	♣ = R
★ = C	✚ = L	○ = S
♥ = D	■ = N	☆ = T
✦ = E	✱ = O	✤ = U
● = F	✌ = P	

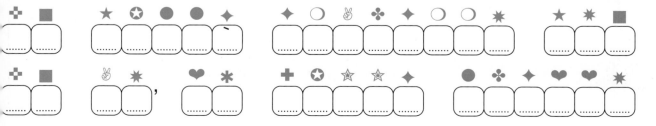

Giovani

■ I giovani e...

... la musica

Ha una parte fondamentale* nella loro vita. Il 95% dei ragazzi ne ascolta un po' tutti i giorni, ma la maggior parte la ascolta su CD. Solo un ragazzo su quattro, infatti, va ai concerti e solo uno su cinque suona uno strumento musicale. Negli ultimi anni si* è verificato un sempre crescente interesse per i cantanti e i gruppi italiani.

... il cinema

Ai ragazzi il cinema piace molto più della tv. Secondo i sociologi, è un segno di una maggiore tendenza a vivere in gruppo e di un maggiore interesse per gli eventi culturali. Lo* testimoniano anche i numerosi festival del cinema per ragazzi. Inoltre, grazie alle nuove tecnologie, molti di loro fanno anche piccoli esperimenti di cinema con gli amici.

... la lettura

L'informazione *on line* ha sostituito in parte giornali e tv. Solo un ragazzo su due legge un quotidiano*.
La situazione è migliore riguardo ai libri. Oggi i ragazzi hanno riscoperto l'importanza e il piacere di leggere. Tra gli autori preferiti, Banana Yoshimoto, Irvine Welsh, Niccolò Ammaniti e Stefano Benni.

... il denaro

Circa la metà dei ragazzi prende la "paghetta" dai genitori: tra i 10 e i 25 euro la settimana.
In genere, usano questi soldi per uscire con gli amici, comprare CD o vestiti. Quasi tutti, però, ne mettono una parte in banca. Davvero pochi hanno un lavoro dopo la scuola o d'estate.

... la politica

Qualunque siano le loro idee politiche, oggi per i ragazzi è sempre più importante esprimere pubblicamente le proprie idee. Per questo partecipano sempre più numerosi ai cortei* e ad altre manifestazioni pubbliche.

1 Metti in ordine.

| Il | dei | tutti | ragazzi | 95% | musica | i | ascolta | giorni. |

1 ....

| Solo | ai | ragazzo | su | un | va | concerti. | quattro |

2 ....

| un | cinque | musicale. | ragazzo | su | Solo | uno | suona | strumento |

3 ....

| un | Solo | due | legge | ragazzo | su | quotidiano. | un |

4 ....

... gli eroi

Niente attori o cantanti, ma persone che difendono la pace e cercano di rendere il mondo migliore. Ai giovani piacciono le persone concrete*, che si impegnano nella società. Tra questi, Gino Strada (il chirurgo di guerra fondatore dell'associazione medico-umanitaria Emergency), Papa Giovanni Paolo II per il suo grande impegno per la pace tra i popoli, Nelson Mandela che ha lottato contro l'apartheid in Sudafrica e Timothy J. Berners-Lee, l'inventore di Internet che ha rinunciato ai diritti della sua invenzione.

 www.emergency.it
www.musicaitaliana.it
www.wuz.it

Glossario

concrete: ....
....
cortei: ....
....
....
fondamentale: ....
....
lo testimoniano: ....
....
quotidiano: ....
....
si è verificato: ....
....

Libri – circa 10 all'anno. Le ragazze leggono più dei ragazzi.
Tv – la guardano per circa 3 ore al giorno.
Cinema – una volta la settimana.
Computer – lo usano per circa 2 ore al giorno.

2 Cercaparole

Cerca e scrivi i comparativi e i superlativi di questi aggettivi. Le lettere che restano ti dicono un segreto sullo scrittore Niccolò Ammaniti.

Grado positivo	Comparativo di maggioranza	Superlativo assoluto
BUONO	....	....
CATTIVO	....	....
GRANDE	....	....
PICCOLO	....	....

```
S I M I N I M O P
I M A G G I O R E
P E S S I M O S G
P I S R A S E M G
P M I N O R E R I
E A M I F U M E O
T T O T T I M O R
I M I G L I O R E
```

3 Io non ho paura

È il titolo del romanzo più famoso di Niccolò Ammaniti. Ascolta l'inizio del romanzo e rispondi alle domande.

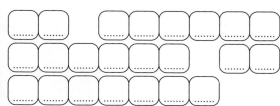

IO NON HO PAURA

1 Come si chiamano i protagonisti?
....

2 Che relazione c'è tra loro?
....

3 Sono da soli?
....

4 Dove si trovano?
....

5 Che cosa stanno facendo?
....

6 Che cosa fa uno dei protagonisti?
....

5

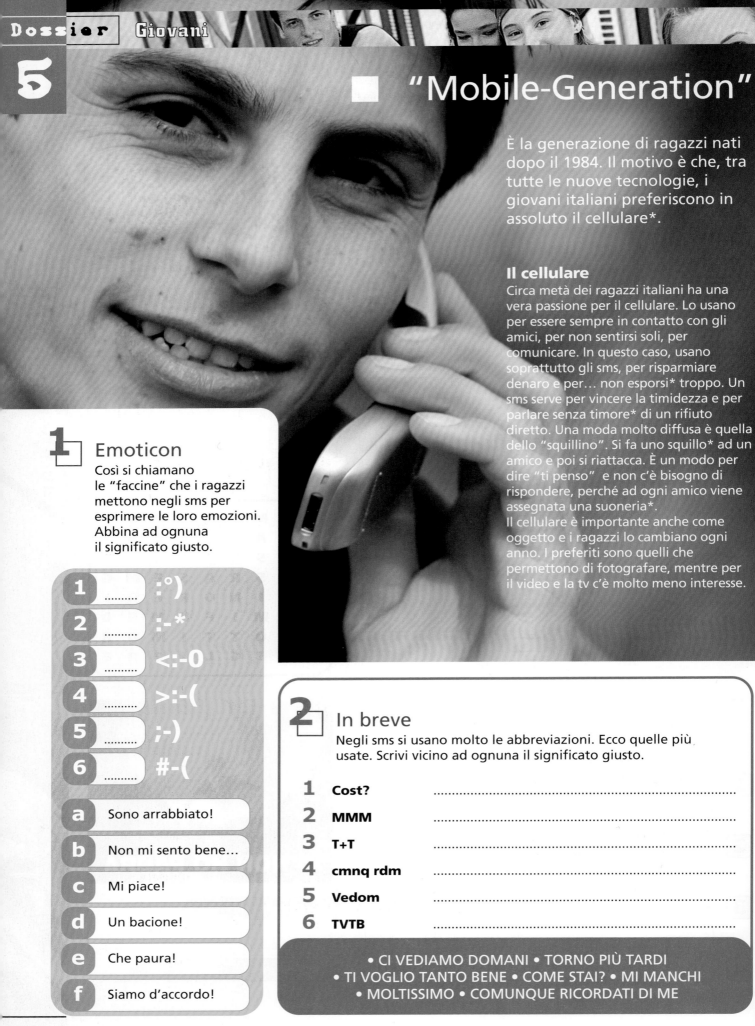

"Mobile-Generation"

È la generazione di ragazzi nati dopo il 1984. Il motivo è che, tra tutte le nuove tecnologie, i giovani italiani preferiscono in assoluto il cellulare*.

Il cellulare

Circa metà dei ragazzi italiani ha una vera passione per il cellulare. Lo usano per essere sempre in contatto con gli amici, per non sentirsi soli, per comunicare. In questo caso, usano soprattutto gli sms, per risparmiare denaro e per… non esporsi* troppo. Un sms serve per vincere la timidezza e per parlare senza timore* di un rifiuto diretto. Una moda molto diffusa è quella dello "squillino". Si fa uno squillo* ad un amico e poi si riattacca. È un modo per dire "ti penso" e non c'è bisogno di rispondere, perché ad ogni amico viene assegnata una suoneria*.
Il cellulare è importante anche come oggetto e i ragazzi lo cambiano ogni anno. I preferiti sono quelli che permettono di fotografare, mentre per il video e la tv c'è molto meno interesse.

1 Emoticon

Così si chiamano le "faccine" che i ragazzi mettono negli sms per esprimere le loro emozioni. Abbina ad ognuna il significato giusto.

1	....	:°)
2	....	:-*
3	....	<:-0
4	....	>:-(
5	....	;-)
6	....	#-(

a	Sono arrabbiato!
b	Non mi sento bene…
c	Mi piace!
d	Un bacione!
e	Che paura!
f	Siamo d'accordo!

2 In breve

Negli sms si usano molto le abbreviazioni. Ecco quelle più usate. Scrivi vicino ad ognuna il significato giusto.

1	**Cost?**	....
2	**MMM**	....
3	**T+T**	....
4	**cmnq rdm**	....
5	**Vedom**	....
6	**TVTB**	....

• CI VEDIAMO DOMANI • TORNO PIÙ TARDI
• TI VOGLIO TANTO BENE • COME STAI? • MI MANCHI
• MOLTISSIMO • COMUNQUE RICORDATI DI ME

Internet... all'antica*

I ragazzi italiani usano Internet in modo tradizionale, soprattutto per studiare, trovare informazioni utili e mandare mail. Non amano troppo i *blog*, i *forum*, le *chat* o le *community*. Scaricano poca musica da Internet, anche se gli Mp3 stanno avendo un certo successo. Molto meglio scegliersi un CD in negozio, magari in compagnia di un amico.

"Con gli sms riesco ad esprimere cose che non ho il coraggio di dire a voce".
Samuele (Siracusa)

Il mondo al telefono

Secondo l'Osservatorio mondiale dei Sistemi di Comunicazione, circa l'80% degli europei ha un cellulare, il 70% dei giapponesi, il 60% degli americani e il 20% dei cinesi. Ogni anno, si mandano 250 miliardi di sms. In Italia quasi la metà delle famiglie ha più di un cellulare: un caso unico in Europa. Secondo gli esperti, un uso eccessivo del cellulare impedisce* ai ragazzi di diventare autonomi e indipendenti e limita i rapporti personali.

"Copio su un quaderno gli sms più belli, per rileggerli quando sono triste".
Federica (Parma)

E tu? Usi il cellulare? Come?

....

....

....

http://punto-informatico.it

È il più importante quotidiano italiano di informazione su Internet, informatica e comunicazione.

3 Pronto?

Ecco una telefonata al cellulare. Mettila nell'ordine giusto.

1 Sì, so dov'è. Ma chi viene?
2 Bene! Ci vediamo venerdì allora! Un bacione.
3 La cena? Bene! Dove?
4 Certo che vengo! Pensavo anche di portare Caterina...
5 Ciao, Nicola! Ma hai sempre il cellulare spento?
6 Ciao, Loredana! Che piacere!
7 Sono sicuro che vi piacerà... è molto simpatica.
8 No! È solo che c'è poco campo qui. Dimmi tutto, come stai?
9 Fantastico! Così almeno conosceremo questa misteriosa ragazza!
10 Abbastanza bene, grazie. Ti chiamavo per la cena di venerdì.
11 Alla pizzeria Buongusto, dietro piazza Garibaldi.
12 Praticamente tutti. Tu vieni vero?

5 ....

Glossario

all'antica: ....
cellulare: ....
esporsi: ....
impedisce: ....
si fa uno squillo: ....
suoneria: ....
timore: ....

5

■ Emozioni

Genitori, amore, amici… che emozioni ci danno? Cosa cercano in loro i giovani? Scopriamolo grazie alla testimonianza di Angela, ad un articolo di giornale e ai messaggi di un forum.

Io e i miei*

Io vado d'accordo con i miei genitori, ma a volte mi sembra che pretendano* troppo da me: buoni voti, buoni risultati nello sport, una buona vita sociale…
Il problema è che li vedo poco perché loro lavorano tutto il giorno. Chissà… forse pensano che se ho il fidanzato, degli amici e dei buoni voti, io sia felice e soddisfatta.
In effetti lo sono ma, a volte, vorrei semplicemente parlare di più con loro, averli più presenti, più vicini a me.

Angela – 17 anni (Brescia)

I ragazzi italiani e l'amore

"Sono bravi ragazzi. Non amano la trasgressione, sognano un amore eterno ma sono abbastanza realisti* da non illudersi di averlo già trovato. Non parlano con i genitori. Tradizionalisti, niente tradimenti, meglio la gelosia, non* sono facili alla confidenza e non danno molta importanza al sesso. Se arriva, meglio, ma se non arriva pazienza*.

Perché l'importante è l'amore, con la A maiuscola. E la famiglia che verrà. Gli adolescenti delle spiagge italiane non sono più quelli di una volta. L'avventura* da vacanze non fa per loro, sono concentrati e seri e se pensano al futuro pensano sì alla famiglia ma anche al lavoro".

Paolo di Stefano – tratto dal quotidiano *Il Corriere della Sera*

San Valentino

Fu vescovo di Terni (in Umbria) e fu martirizzato il 14 febbraio 273. Oggi è il santo degli innamorati per aver celebrato un matrimonio tra un soldato romano e una ragazza cristiana. A Terni, il 13 febbraio, gli innamorati partecipano alla "messa della promessa", durante la quale si promettono amore eterno.

1 Modi di dire

Nell'articolo del *Corriere della Sera* trovi molti modi di dire della lingua parlata. Scegli per ognuno la forma che sarebbe più corretta.

1

Niente tradimenti.

a ☐ Non amano i tradimenti.

b ☐ Non tradiscono più.

2

Se non arriva, pazienza.

a ☐ Se non arriva, sanno aspettare.

b ☐ Se non arriva, non importa.

3

Gli adolescenti delle spiagge.

a ☐ I ragazzi che ora sono in vacanza al mare.

b ☐ I ragazzi delle città sul mare.

4

L'avventura da vacanze.

a ☐ Il grande amore che ti rende speciale.

b ☐ I brevi amori che nascono in vacanza.

L'amicizia

Ciao! Mi chiamo Babu, sono di Viareggio e non ho amicizie perché ho litigato già* da un pezzo con tutti quelli che conoscevo. Chi ha coraggio, risponda!

Ho un messaggio nel cuore per Nuvola: tu mi conosci più di qualsiasi altro. Sai cosa voglio dire, prima che io apra* bocca. Sei la persona che mi è più vicina, la sola che mi abbia aiutato nei momenti brutti, che non smetterò mai di ringraziare per quello che mi ha dato e mi permette continuamente di dare. La tua felicità, per me, è più importante della mia.

Ho trovato questo forum per caso. Non so bene perché io sia qui... può essere che io abbia solo bisogno di parlare un po'... e qui ho l'illusione che qui qualcuno mi ascolti.

La casa di Giulietta

Si trova a Verona, in via Cappello 23. Dal famoso balcone, la Giulietta di W. Shakespeare parlava al suo Romeo. Qui c'è anche il Club Giulietta che, ogni anno, premia la lettera d'amore più bella. Nel cortile della casa c'è una statua di Giulietta: toccarla porta fortuna in amore.

Glossario

apra bocca: ....
avventura: ....

già da un pezzo: ....
....
miei: ....
non... confidenza: ....
....
pazienza: ....
pretendano: ....
realisti: ....

2 Cercaparole... d'amore

Quali sono i vezzeggiativi più usati tra gli innamorati?
Trova nello schema queste parole e scoprilo.

- ○ a volte
- ○ continuamente
- ○ da un pezzo
- ○ di rado
- ○ già
- ○ mai
- ○ prima
- ○ quasi mai
- ○ sempre
- ○ spesso
- ○ tutto il giorno
- ○ una volta

M	A	I	T	P	P	D	C
A	S	S	U	E	R	A	O
R	O	T	T	T	I	U	N
O	U	E	T	O	M	N	T
Q	N	R	O	S	A	P	I
U	A	G	I	A	S	E	N
A	V	O	L	T	E	Z	U
S	O	S	G	D	M	Z	A
I	L	P	I	I	P	O	M
M	T	E	O	R	R	A	E
A	A	S	R	A	E	C	N
I	C	S	N	D	H	I	T
O	T	O	O	O	T	O	E

5

■ Ma come parli?

Ogni giorno nascono moltissime parole nuove tra i giovani. Sono parole inventate che spesso durano pochi mesi. Altre volte, invece, entrano addirittura* nel vocabolario della lingua italiana. Sono le parole dello *slang*.

Per i ragazzi appartenere ad un gruppo è importantissimo. Significa essere accettati e fare visibilmente parte di una comunità. Ogni gruppo ha le sue caratteristiche e, quindi, la sua lingua. Si tratta sempre di una lingua inventata, che cambia molto velocemente, che solo i ragazzi possono capire e che permette loro di escludere* gli adulti dal loro mondo. Allo stesso tempo permette di verificare* se gli adulti sono davvero interessati al mondo giovanile. Infatti, se questi vogliono capire o usare lo *slang*, allora dimostrano interesse per la vita dei giovani.

La nascita dello *slang* deriva, in parte, dalla scomparsa dei dialetti. Nel passato il dialetto serviva per esprimere le proprie emozioni quando si parlava con amici e familiari. Oggi questa emotività* è espressa dallo *slang*. In genere le regole "grammaticali" dello *slang* sono 3:

1 Accorciare* le parole ("mate" per "matematica")

2 Raddoppiare le parole ("da paura" per "bellissimo" o "moltissimo")

3 Ridicolarizzare l'uso eccessivo della lingua inglese ("genitors" per "genitori")

1 Come butta?

Ecco alcune delle frasi in *slang* che ormai sono usate comunemente. Abbina ad ognuna il significato giusto.

1	Sto in sclero!
2	Non ci sto dentro!
3	Sei in para?
4	Non esiste!
5	Come butta?
6	Una cifra!
7	Vaitra!
8	Ti ho sgamato!

a	Moltissimo!
b	Sono molto nervoso!
c	Ho capito le tue intenzioni!
d	Sei malinconico e nervoso?
e	Questo non è adatto a me!
f	Come va?
g	Non è assolutamente possibile!
h	Stai tranquillo!

www <u>www.maxpezzali.it</u>

G

Glossario

accorciare: ....
....
addirittura: ....
emotività: ....
....
....
escludere: ....
....
verificare: ....
....

Organizzati alla grande!

PC PROFESSIONALE
+ PORTA CD
+ 3 CD ROM

Con PC Professionale di Gennaio trovi il mega porta-CD con ben 48 tasche ultra resistenti, 150 programmi da vero sballo, tutti i test del 2003 di PC Professionale in pdf e un CD-R per masterizzare 800 mbyte di musica! Dal 20 Dicembre in edicola.

2 Pubblicità

Questa è la pubblicità di una rivista informatica. Ci sono quattro frasi in *slang*. Trovale e indovina il loro significato.

1 ....
2 ....
3 ....
4 ....

3 Tieni il tempo

Ecco alcuni versi della canzone *Tieni il tempo* del gruppo musicale 883. Scrivi nel testo le frasi in *slang* al posto giusto.

Non lasciarti andare
se lei non ti vuole più
adesso ....,
ma non sa che tu
stai quasi per decollare
e quando volerai
faranno a gara
se .... gli farai.
Scendi nella strada, balla
e butta fuori quello che hai
fai partire il ritmo
quello ....
.... e poi
tieni il tempo.

• DATTI UNA MOSSA • SE LA TIRA
• GIUSTO • FARE UN GIRO

4 Traduci.

Ecco una frase in italiano corretto. Usa lo *slang* che hai imparato e traducila… in *slang*.

Oggi sono proprio nervoso. C'è la verifica di matematica e anche se Gianni mi dice di stare tranquillo, questo non è assolutamente possibile! Il professore di matematica pensa che questa verifica sia molto importante. Io ho capito bene cosa fare: studiare tanto!

....
....
....
....
....

Feste e tradizioni

■ Facciamo festa?

Completa il calendario con le feste giuste.

> • Festa dei nonni • Festa della donna • Festa della mamma
> • Capodanno • Palio di Siena • Regata storica di Venezia
> • San Valentino • Festa del papà • Epifania • San Silvestro

Gennaio

1 ....

6 ....

31 Fiera dell'Orso, Aosta

Febbraio

2 Candelora

3-5 Sant'Agata, Catania

14 ....

Marzo

8 ....

19 ....

Aprile

21 Il compleanno di Roma

25 Festa della Liberazione

Data variabile *Pasqua*

Maggio

2ª domenica

....

**Domenica dopo
il Corpus Domini**
Infiorata, Spello

15 *Corsa dei Ceri, Gubbio*

Giugno

2 *Festa della Repubblica*

24 *Festa di San Giovanni*

Luglio

15 *Santa Rosalia, Palermo*

23 *Disfida di Barletta*

Agosto

10 *San Lorenzo*

15 *Ferragosto*

16 ....

Settembre

Data variabile
Festival del cinema di Venezia

1ª domenica

....

2ª settimana
Partita a scacchi di Marostica

Ottobre

2 ....

4 *San Francesco*

Novembre

Non rilevato

2 *Giorno dei defunti*

11 *San Martino*

Dicembre

8 *Immacolata Concezione*

25 *Natale*

31 ....

1 *Ognissanti*

45

6

■ Due feste, due passioni

Ecco due famosissime feste italiane, il Palio* di Siena e la Corsa dei Ceri di Gubbio, che sono vissute con vera passione dagli abitanti delle due città.

Il Palio di Siena

È una corsa di cavalli che si svolge due volte all'anno (il 2 luglio, Palio per la Madonna di Provenzano, e il 16 agosto, Palio dell'Assunta) nella famosa Piazza del Campo di Siena. Ogni cavallo rappresenta una contrada* della città. Gli abitanti di Siena sono molto legati alla propria contrada. Per questo vivono il Palio con grandissima emozione.

Ecco come Isabella, della contrada del Bruco, vive il Palio.

È una corsa molto antica, dalle origini un po' misteriose e le regole sono cambiate nel corso dei secoli. Oggi il Palio inizia quattro giorni prima della gara, quando si sorteggiano i dieci cavalli. Da questo momento inizia il tormento per ogni contradaiolo*, fatto di speranza, paura, antagonismo. Ogni contrada, infatti, è come un piccolo stato, con il suo Priore, la sua Chiesa e il suo Museo, le sue tradizioni. Il giorno del Palio, prima della gara, c'è un bellissimo corteo storico. Durante il Palio ogni cavallo, guidato da un fantino, deve fare tre giri intorno a Piazza del Campo. Chi vince è il cavallo, che può arrivare "scosso", cioè senza fantino.

Le 17 contrade

Aquila, Bruco, Chiocciola, Civetta, Drago, Giraffa, Istrice, Liocorno, Lupa, Nicchio, Oca, Onda, Pantera, Selva, Tartufa, Torre, Valdimontone.

Poveri cavalli!

Il Palio è una corsa molto veloce e violenta. Per questo, a volte, i cavalli si fanno male e molte associazioni animaliste sono contrarie al Palio. Negli ultimi anni, però, si sta facendo di tutto per proteggere cavalli e fantini.

 www.ilpalio.org

1 Dopo il Palio

Che succede dopo il Palio di Siena? Completa il testo e scoprilo.

- CHIESA • BANDIERE
- CITTÀ • RINGRAZIAMENTO

Il popolo della contrada vincitrice porta il Drappellone*

alla _ _ _ _ _ _ di Santa Maria in Provenzano,

in luglio, e al Duomo, in agosto, per

il _ _ _ _ _ _ _ _ _ _ _ _ _ _ alla Madonna.

Poi tutti fanno un allegro corteo per la loro contrada e per

tutta la _ _ _ _ _ , con canti, tamburi

e _ _ _ _ _ _ _ _ .

Glossario

ceraioli: ....
contrada: ....
contradaiolo: ....
corporazioni: ....
drappellone: ....
....
oscillazioni: ....
palio: ....
....
....
patrono: ....

La Corsa dei Ceri
Ce la racconta Antonio, uno dei Ceraioli*.

Essere Ceraiolo è un onore. I Ceraioli, infatti, appartengono alle più importanti corporazioni* della città. Il nostro compito è trasportare i Ceri per le vie di Gubbio durante la Festa di Sant'Ubaldo, patrono* della città.

I Ceri sono tre grandi costruzioni di legno, pesanti 400 chili e alte 5 metri. In cima ad ogni Cero c'è la statua di un santo: Sant'Ubaldo, San Giorgio e Sant'Antonio.

La Corsa, di origini antichissime, si svolge il 15 maggio. Non vince chi arriva primo, ma chi trasporta meglio il cero, senza cadute e oscillazioni*. Una corsa incredibile di 4 chilometri che dura circa 7 minuti. E nell'ultimo tratto c'è quasi un chilometro di salita per arrivare alla basilica di Sant'Ubaldo. Insomma, per essere Ceraioli bisogna essere speciali!

2 Curiosità della Corsa
Vero o falso? Indovina!

1 Solo gli uomini possono preparare il cibo per i Ceraioli. VERO ◯ FALSO ◯

2 Il colore dei Ceraioli di Sant'Ubaldo è il giallo, quello di San Giorgio l'azzurro, quello di Sant'Antonio il nero. VERO ◯ FALSO ◯

3 Prima della corsa si lanciano in aria tre brocche di ceramica. I cocci vengono conservati come portafortuna. VERO ◯ FALSO ◯

4 Nel passato i Ceri erano quattro. VERO ◯ FALSO ◯

5 Gubbio si trova in Toscana. VERO ◯ FALSO ◯

6

Natale in Italia

Natale è la festa più bella di tutto l'anno.
In Italia ci sono moltissimi modi per
festeggiarlo.

Il presepio vivente* di Greccio

Greccio è un piccolo paese del Lazio. Il suo presepio vivente
è antichissimo. È legato addirittura a San Francesco d'Assisi,
patrono d'Italia, il quale nella notte di Natale del 1223,
ricreò la scena della nascita di Gesù con persone
ed animali veri.

La città del presepio

È Napoli, dove la tradizione del presepio è fortissima. Tra il
1600 e il 1700 il "presepio napoletano" era famoso in tutto
il mondo per la sua bellezza e il re in persona andava nelle
case a vedere quelli più belli. A Napoli in via San Gregorio
Armeno oggi si costruiscono e si vendono presepi di ogni
tipo e tutto quello che serve per fare il presepio. Ci sono
anche statuine molto strane, come quelle di personaggi
famosi, attori o calciatori.

Il mercatino di Bolzano

I mercatini di Natale, tipici della tradizione germanica*,si
sono diffusi in tutta Italia. Il più famoso, però, è quello di
Bolzano. In piazza Walther, ci sono tante bancarelle* a
forma di casetta, colorate di rosso e di verde, nelle quali si
può comprare ogni tipo di decorazione natalizia. E poi ci
sono giocattoli di legno e di stoffa, dolci tipici e oggetti di
artigianato*.

L'albero di Natale a Piazza San Pietro

Nella piazza che è il simbolo del Cristianesimo, ogni anno si
può ammirare un bellissimo albero di Natale, dono* di
qualche Paese straniero al Papa. Accanto, c'è il tradizionale
presepio.

L'Epifania

Dice un proverbio: "Epifania tutte le feste si porta via".
Questo perché con il giorno dell'Epifania, 6 gennaio,
finiscono le feste di
Natale. In Italia questo
giorno, tradizionalmente
legato all'arrivo dei Re
Magi a Betlemme, è legato
alla tradizione della Befana.
Questa è una strega buona
che vola su una scopa, entra
nelle case attraverso
il camino e porta regali
ai bambini buoni e
carbone a quelli cattivi.

Glossario

artigianato: ....
bancarelle: ....

dono: ....
germanica: ....

vivente: ....

1 Tradizioni

Ecco alcune tradizioni del Natale italiano.
Indovina la risposta giusta.

1 L'albero di Natale è decorato con:

- **a** ☐ dolci e candele
- **b** ☐ palline colorate e luci

2 A mezzanotte del 24 dicembre:

- **a** ☐ si va alla messa di mezzanotte
- **b** ☐ si mette la statua di Babbo Natale

3 Il 6 gennaio vengono messe nel presepio le statue:

- **a** ☐ dei Re Magi
- **b** ☐ della Madonna e di San Giuseppe

4 Il 7 gennaio, il presepio:

- **a** ☐ si toglie
- **b** ☐ si decora con una grande stella

2 Che buoni!

Ecco i due famosissimi dolci di Natale. Metti in ordine le lettere e scopri i loro nomi.

È un dolce fatto con miele, zucchero e mandorle. Secondo una leggenda, lo ha inventato un cuoco per un importante pranzo di matrimonio a Cremona nel 1441.

T R O O R E N

....

Questo dolce è nato a Milano nel 1500. Secondo una leggenda, Toni, un giovane cuoco, inventò un dolce chiamato il *pane di Toni*.

P E T A O N N T E

....

3 Il proverbio

Usa il codice e scopri un proverbio sul Natale... e non solo.

☼ = A	✚ = O
★ = C	❑ = P
♥ = E	■ = Q
✦ = H	✳ = S
● = I	✌ = T
▲ = L	✿ = U
✳ = N	○ = V

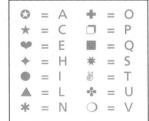

✳ ☼ ✌ ☼ ▲ ♥ ☐☐☐☐☐☐   ★ ✚ ✳ ☐☐☐   ● ☐   ✌ ✿ ✚ ● ☐☐☐☐☐ ,

❑ ☼ ✳ ■ ✿ ☼ ☐☐☐☐☐☐   ★ ✚ ✳ ☐☐☐   ★ ✦ ● ☐☐☐   ○ ✿ ✚ ● ☐☐☐☐

4 CILS Espressione scritta

Immagina di lavorare per un'agenzia viaggi. Scrivi un depliant pubblicitario sulle tradizioni di Natale del tuo Paese per attirare i turisti.

....
....
....
....

6

■ Pasqua

I festeggiamenti della Pasqua variano da regione a regione. Eccone alcuni.

Lo scoppio del carro - Firenze

A Firenze, il giorno di Pasqua, a mezzogiorno, si assiste al tradizionale *scoppio del carro*. Un carro antico, pieno di fuochi d'artificio, arriva davanti al Duomo di Firenze, Santa Maria del Fiore. A mezzogiorno ci sono i fuochi d'artificio. Un pupazzo – a forma di colomba bianca – parte dal carro e arriva alla porta di Santa Maria del Fiore.
Secondo la tradizione, se il viaggio di questa colomba va bene, la città di Firenze vivrà un anno fortunato!

1 🎧 Pasqua

Ascolta questa filastrocca tradizionale abruzzese.
Imparala e ripetila ai compagni.

2 Indovina il significato dei seguenti modi di dire.

1 Essere felici come una Pasqua.

- a ☐ Essere molto felici.
- b ☐ Essere molto tristi.

2 Lungo come una Quaresima.

- a ☐ Che impiega molto tempo a fare una cosa.
- b ☐ Che impiega pochissimo tempo a fare una cosa.

La Sacra Rappresentazione* di Valmontone – Roma

È una delle manifestazioni più importanti d'Italia. Il Venerdì Santo, 300 abitanti del piccolo paese di Valmontone, vicino a Roma, fanno rivivere la storia della Passione di Cristo. Si* ripercorre tutta la vita di Gesù. Si inizia con Gesù nell'orto, la cattura, la flagellazione*, il giudizio di Pilato e si arriva al momento più tragico ed emozionante, la Via Crucis e la crocifissione.

La Settimana Santa di Taranto – Puglia

La Settimana Santa è la settimana prima della Domenica di Pasqua. A Taranto per tutta la settimana ci sono riti molto suggestivi* fatti dalle tante confraternite* religiose della città. Per esempio, il Giovedì Santo ci sono i Perdoni, un rito in cui i confratelli* della Chiesa del Carmine attraversano la città scalzi, con il tradizionale vestito bianco. Il pomeriggio del Venerdì Santo c'è la processione dei Misteri che racconta la Passione di Cristo e la sera la processione dell'Addolorata.

L'uovo di Pasqua

In Italia, a Pasqua, si regalano uova di cioccolato. Una tradizione religiosa, ma anche un gesto di amicizia. Dentro alle uova c'è sempre una piccola sorpresa. Ci sono anche importanti manifestazioni benefiche con le uova di Pasqua. Ogni anno l'AIL (Associazione Italiana contro le Leucemie) vende 800.000 uova di cioccolato per aiutare le persone malate.

www.ail.it

3 Le parole della Pasqua

Questi sono alcuni dei momenti della Pasqua italiana. Abbina ad ognuno il significato giusto.

1 .... Il lunedì dell'Angelo

2 .... La Pasquetta

3 .... La colomba

a È un dolce tradizionale.

b È sinonimo di Lunedì dell'Angelo.

c È il lunedì dopo Pasqua.

Glossario

confratelli: ....
confraternite: ....
flagellazione: ....
rappresentazione: ....
....
si ripercorre: ....
suggestivi: ....

6

■ Il carnevale

Non c'è piazza in cui non ci sia una festa,
non c'è strada in cui non ci siano maschere.

■ Il carnevale più antico

È quello di Bagolino, in Lombardia.
Qui i *balarin* (ballerini) vanno per il paese
con le tradizionali maschere bianche, un
prezioso cappello con nastri e gioielli
e uno scialle* di seta. Danzano ma
fanno anche scherzi terribili! In origine
era una festa privata tra fidanzati e
amici: il fidanzato, infatti, esponeva*
sul cappello i gioielli ricevuti in dote.

■ Il Carnevale veneziano

Già nel 1296 si faceva festa e
il carnevale era lunghissimo:
cominciava ad ottobre.
Ma il periodo più bello fu
sicuramente il 1700, quando il
carnevale diventò l'occasione
per mostrare maschere
meravigliose. Oggi è una
bellissima festa cittadina, dove
si canta, si balla e ci si diverte
in ogni angolo della città.

■ A colpi di arancia

Ad Ivrea, in Piemonte, c'è la famosa
battaglia delle arance. Gli abitanti della
città si dividono in 9 squadre, una per
ogni quartiere*, e iniziano una
battaglia a colpi di arance che dura tre
giorni. Questa battaglia ha un'origine
molto più gentile: deriva dal lancio dei
fiori dai balconi fatto dalle ragazze.
Poi, durante il Risorgimento*,
si cominciarono a lanciare oggetti più
pesanti, per protestare contro
la dominazione austriaca.

Glossario

campanacci: ....
....
cartapesta: ....
dote: ....
....
esponeva: ....
quartiere: ....
Risorgimento: ....
....
scialle: ....
....

1 Le maschere

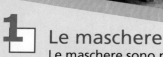

Le maschere sono personaggi della
Commedia dell'Arte italiana (vedi pag. 14) e anche
simboli del carnevale. Ecco la foto di tre famose
maschere italiane. Abbina a ciascuna la descrizione giusta.

1 ...... Balanzone

3 ...... Pantalone

2 ...... Gianduia

a Sono un mercante veneziano,
molto ricco e molto avaro!

b Sono un famoso medico di
Bologna, ma... non so
niente di medicina! La mia vera
passione? Mangiare!

c Sono un gentiluomo piemontese.
Sono onesto e tranquillo ma mi
piace divertirmi e stare in
compagnia!

I carri allegorici

Si tratta di carri che hanno sopra grandissime statue di cartapesta*. I carri si chiamano allegorici perché rappresentano momenti della vita politica e sociale italiana e internazionale. Possono essere alti anche 30 metri. È un carnevale recente nato dall'iniziativa di alcuni giovani di Viareggio che, nei primi anni del Novecento, sfilarono per la città con le automobili decorate di fiori.

La Mamoiada

Si svolge a Mamoiada, in Sardegna. Qui i *mamuthones*, coperti di pelle di capra, hanno sulla schiena tanti campanacci* e indossano terribili maschere di legno. L'origine di questo carnevale è addirittura preistorica e non si sa bene cosa rappresentino i *mamuthones*.

La Sartiglia

Si svolge ad Oristano, in Sardegna ed è una straordinaria prova di abilità. Bravissimi cavalieri devono prendere con la spada e con la lancia una stella appesa al centro della strada. Secondo la tradizione, più stelle si prendono, più la terra darà frutti.

2 La maschera di Viareggio

Completa lo schema
e scopri come si chiama.

1 Ad Ivrea c'è quella delle arance.

2 Sono le maschere di Mamoiada.

3 Il carnevale di Oristano.

4 Lo indossano i *balarin*.

5 Il materiale delle statue di Viareggio.

6 Sono sulla schiena dei *mamuthones*.

7 Si usa nella Sartiglia.

8 A Venezia sono meravigliose.

9 Sono "allegorici".

10 Sono sul cappello dei *balarin*.

LA CUCINA

■ Gli italiani a tavola

Oggi, anche in Italia, si pranza in modo veloce e si preferiscono panini, pizze e insalate al classico pasto italiano.

Primo, secondo, contorno e frutta!

Fino a qualche anno fa, il classico pranzo degli italiani era composto da un primo (un piatto di pasta o di minestra), un secondo (un piatto di carne o di pesce), un contorno (verdura), e la frutta. Negli ultimi anni, però, le abitudini sono cambiate. C'è meno tempo per cucinare. Fino a qualche anno fa, si impiegava parecchio tempo per preparare i pasti in casa, il luogo di lavoro, spesso, era vicino a dove si abitava, e solo poche donne lavoravano.

Dove si pranza oggi?

In questi anni sono nate paninoteche, tavole* calde e mense* aziendali per permettere a studenti e lavoratori di mangiare senza perdere troppo tempo. Nel 1990 la percentuale dei consumi alimentari fuori casa era del 25,4%, nel 2000 era arrivata al 30%: la percentuale per il 2030 sarà del 50%!

Per gli italiani, comunque, è importante che il cibo sia buono: pranzo veloce sì, ma di buona qualità.

1 Vero o falso?

1 Molti italiani mangiano fuori casa. VERO ○ FALSO ○

2 In Italia si impiegava molto tempo per cucinare. VERO ○ FALSO ○

3 A colazione bisogna mangiare poco. VERO ○ FALSO ○

4 Lo *Slow Food* difende i cibi tradizionali. VERO ○ FALSO ○

5 Il cibo biologico si ottiene con additivi chimici. VERO ○ FALSO ○

Lo *Slow Food*

Come reazione ai *Fast Food* è nato, negli anni Ottanta, il movimento dello *Slow Food*.
Lo *Slow Food* è nato per far riscoprire alle persone il piacere di mangiare bene e senza fretta.
Lo *Slow Food* difende i cibi tradizionali, rispetta l'ambiente, ha* a cuore la salute del consumatore e lo informa su quello che mangia.

Il cibo biologico

È più sano e più buono. Molti italiani hanno scoperto il piacere di mangiare alimenti naturali, senza "chimica". Il motivo? Sono alimenti più sani e più buoni e sono importanti per… stare bene.

G lossario

ha a cuore: ....
....
....

mense aziendali:
....

tavole calde: ....
....
....

2 L'appetito vien mangiando

In Italia ci sono tanti modi di dire legati al mangiare. Eccone alcuni.

1 Chi mangia solo si strozza.

a ☐ È meglio mangiare da soli.

b ☐ È meglio mangiare insieme ad altre persone.

3 A tavola non si invecchia mai.

a ☐ Mangiare aiuta a restare giovani.

b ☐ Mangiare fa invecchiare.

2 L'appetito vien mangiando.

a ☐ Man mano che si mangia l'appetito aumenta.

b ☐ Man mano che si mangia l'appetito diminuisce.

4 Chi tarda ai pranzi, mangia gli avanzi.

a ☐ Se si arriva tardi ad un pranzo, si mangia solo ciò che è rimasto.

b ☐ Bisogna arrivare in ritardo ad un pranzo.

3 Primo, secondo e contorno

Segna con una X i primi piatti, con una Y i secondi piatti e con una W i contorni.

1 .... Ravioli

2 .... Melanzane

3 .... Patate

4 .... Tortellini

5 .... Insalata

6 .... Pomodori

7 .... Frittura di pesce

8 .... Tagliatelle

9 .... Carne arrosto

10 .... Asparagi

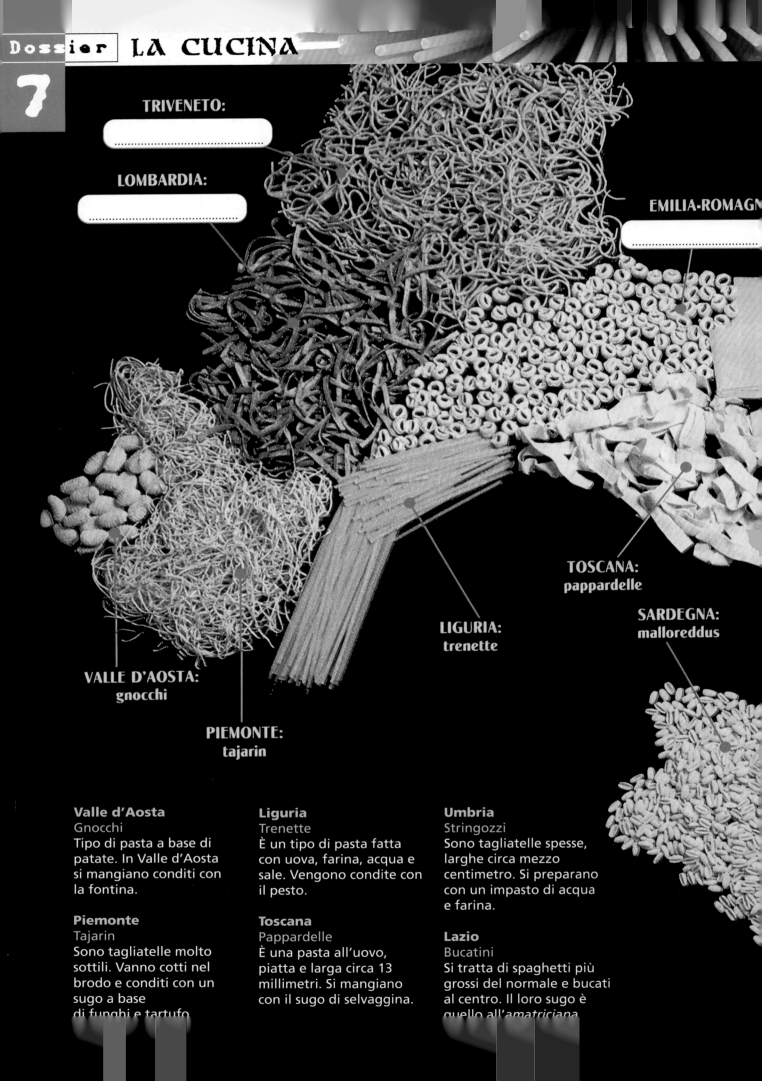

TRIVENETO:

....

LOMBARDIA:

....

EMILIA-ROMAGN

....

TOSCANA:
pappardelle

SARDEGNA:
malloreddus

LIGURIA:
trenette

VALLE D'AOSTA:
gnocchi

PIEMONTE:
tajarin

Valle d'Aosta
Gnocchi
Tipo di pasta a base di
patate. In Valle d'Aosta
si mangiano conditi con
la fontina.

Piemonte
Tajarin
Sono tagliatelle molto
sottili. Vanno cotti nel
brodo e conditi con un
sugo a base
di funghi e tartufo.

Liguria
Trenette
È un tipo di pasta fatta
con uova, farina, acqua e
sale. Vengono condite con
il pesto.

Toscana
Pappardelle
È una pasta all'uovo,
piatta e larga circa 13
millimetri. Si mangiano
con il sugo di selvaggina.

Umbria
Stringozzi
Sono tagliatelle spesse,
larghe circa mezzo
centimetro. Si preparano
con un impasto di acqua
e farina.

Lazio
Bucatini
Si tratta di spaghetti più
grossi del normale e bucati
al centro. Il loro sugo è
quello all'*amatriciana*.

La pasta italiana

Ascolta il brano
e poi scrivi accanto alla
regione il nome della pasta
tipica di quel luogo.

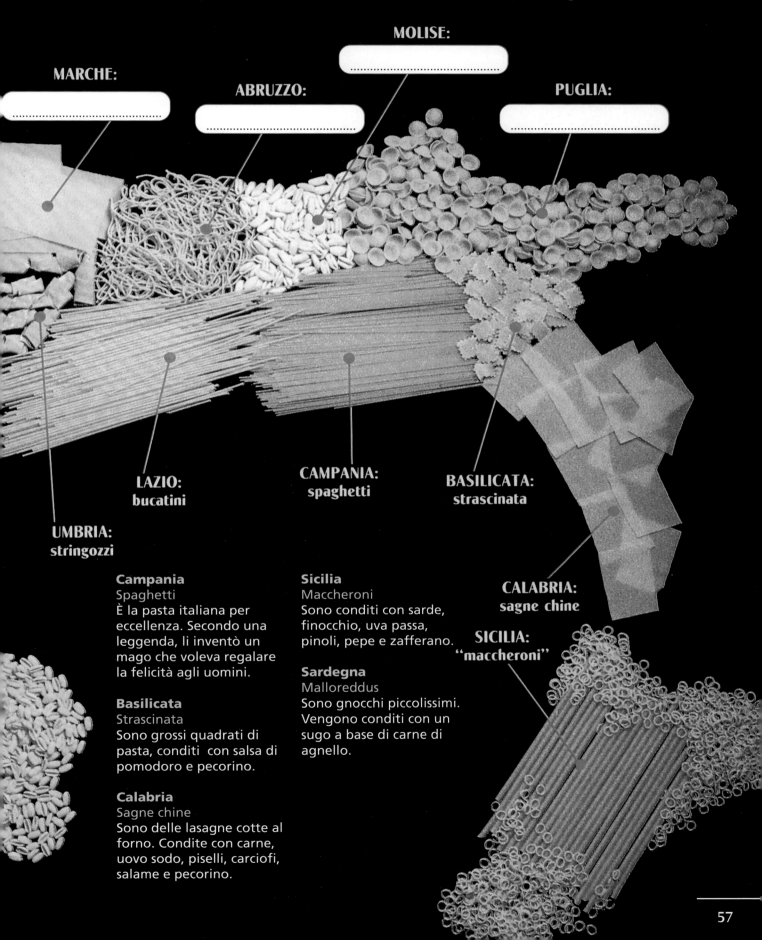

MARCHE:
....

ABRUZZO:
....

MOLISE:
....

PUGLIA:
....

LAZIO:
bucatini

CAMPANIA:
spaghetti

BASILICATA:
strascinata

UMBRIA:
stringozzi

CALABRIA:
sagne chine

SICILIA:
"maccheroni"

Campania
Spaghetti
È la pasta italiana per
eccellenza. Secondo una
leggenda, li inventò un
mago che voleva regalare
la felicità agli uomini.

Basilicata
Strascinata
Sono grossi quadrati di
pasta, conditi con salsa di
pomodoro e pecorino.

Calabria
Sagne chine
Sono delle lasagne cotte al
forno. Condite con carne,
uovo sodo, piselli, carciofi,
salame e pecorino.

Sicilia
Maccheroni
Sono conditi con sarde,
finocchio, uva passa,
pinoli, pepe e zafferano.

Sardegna
Malloreddus
Sono gnocchi piccolissimi.
Vengono conditi con un
sugo a base di carne di
agnello.

■ Il cibo "sociale"

In Italia, per fare* due chiacchiere con gli amici, ci si incontra per mangiare una pizza o prendere un caffè. Due abitudini a cui si è molto affezionati.

Andiamo in pizzeria

L'82% degli italiani dice che la pizza è il suo piatto preferito. La pizzeria è il locale pubblico più frequentato: il 61% delle persone lo frequenta abitualmente nel fine settimana per trascorrere una serata con gli amici e spendere poco.

La pizza, un cibo da regina

La pizza si vendeva già nel XVIII secolo, ma la data ufficiale della sua nascita è il 1889. Quell'anno i re d'Italia, Umberto I e sua moglie Margherita andarono in vacanza a Napoli. Qui, il pizzaiolo più

famoso della città preparò varie pizze per i sovrani. Alla regina piacque soprattutto una pizza fatta con pomodoro, mozzarella e basilico. Questa pizza fu chiamata "Margherita".

Il cibo dei poveri

In origine, la pizza era il cibo dei poveri. Nel 1700 la pizza si vendeva per strada. A Napoli, la pizza si vendeva "da oggi a otto", cioè il cliente comprava la pizza ma, siccome era povero, la pagava solo otto giorni dopo.

Ti offro un caffè

In Italia bere un caffè significa bere un "espresso", cioè poco caffè, molto forte, servito in una tazzina. Bere un caffè è un rito* sociale. Si offre a qualcuno un caffè per fare due chiacchiere e per stare in compagnia.

Come riconoscere un buon caffè

● Il caffè deve avere sempre un po' di crema*. Se non c'è crema il caffè è bruciato o freddo.
● Il colore della crema deve essere marrone.
● Quando si mette lo zucchero, questo deve scendere molto lentamente.
● Si deve sentire un buon profumo prima che la tazzina sia portata in bocca. La tazzina deve essere calda.

1 Abbina ad ogni pizza gli ingredienti giusti.

1 .... Margherita

2 .... Capricciosa

3 .... Marinara

a pomodoro, mozzarella, prosciutto, funghi, carciofi, olive

b pomodoro mozzarella basilico

c pomodoro aglio

2 Immagina di essere in un bar italiano.

Abbina ad ogni tipo di caffè espresso la definizione giusta.

1 .... Un ristretto, per favore!

2 .... Mi fa un caffè doppio?

3 .... Un caffè macchiato freddo, grazie.

4 .... Io prendo un decaffeinato.

5 .... Un caffè macchiato caldo!

6 .... Un caffè lungo, grazie.

a Un espresso fatto con molta acqua.

b Un espresso senza caffeina.

c Un espresso con un po' di latte freddo.

d Un espresso con un po' di latte caldo.

e Due espressi messi in una tazza grande.

f Un espresso fatto con poca acqua.

Qualche curiosità

- Occorrono* 42 chicchi di caffè per fare un espresso.
- Una tazza di caffè contiene circa 150 milligrammi di caffeina.
- In media, gli uomini bevono più caffè delle donne.
- Al museo della Scienza di Milano c'è una mostra sulle macchine da caffè: tra queste, la prima del 1905 e la *Diamante* del grande designer Bruno Munari.

Glossario

crema: ....
fare due chiacchiere: ....
....
occorrono: ....
rito: ....

3 CILS

Espressione orale

Lavora insieme ad un compagno. Immagina di essere in pizzeria o al bar. Tu fai le ordinazioni mentre il tuo compagno "fa" il cameriere.

■ Le ricette

Io mi chiamo Ludovica e adoro cucinare. Ecco un primo, un secondo e un dolce facilissimi da preparare. Buon appetito!

Spaghetti alla carbonara
Ingredienti per 4 persone:

- 500 gr. di spaghetti
- 200 gr. di pancetta
- 5 uova
- 3 cucchiai di olio d'oliva
- uno spicchio d'aglio
- formaggio pecorino grattugiato
- pepe e sale

Tagliare a dadini* la pancetta e soffriggerla* nell'olio con uno spicchio d'aglio a fuoco basso. Cuocere gli spaghetti in acqua bollente salata. Nel frattempo sbattere le uova e aggiungere sale, pepe e pecorino. Aggiungere la pancetta. Scolare gli spaghetti, mescolarli al condimento e lasciali cuocere per un minuto sul fuoco.

Vitel tonné
**Il nome sembra francese,
ma il piatto è piemontese.**

Ingredienti per 4 persone:

- 600 gr. di vitello
- 3 cucchiai d'olio
- 1 bicchiere di vino bianco
- 1 spicchio d'aglio
- 1 cipolla
- 1 carota
- sedano, 2 acciughe
- 200 gr. di tonno
- qualche cappero
- un po' di maionese

Mettere il vitello in una pentola con un po' d'acqua e aggiungere l'aglio, la carota, l'olio, il sedano e il vino. Far cuocere per un'ora e poi mettere in una ciotola il sugo che si è formato e aggiungere tonno, acciughe, capperi, maionese e frullare*. Tagliare a fette la carne e metterci sopra questa salsa. Mettere in frigo per un'ora e servire.

Glossario

dadini: ....
frullare: ....
scolare: ....
....
soffriggerla: ....

Il tiramisù
Ingredienti per 4 persone

- 4 uova
- 400 gr. di mascarpone
- 300 gr. di savoiardi
- 100 gr. di zucchero
- caffè e cacao amaro in polvere

Montare i rossi d'uovo con lo zucchero, poi aggiungere il mascarpone e gli albumi, che sono stati montati a neve, formando una crema. Inzuppare i savoiardi nel caffè caldo, sistemarli nella pirofila, poi coprire con uno strato di crema, sistemare altri savoiardi e ricoprire con altra crema. Spolverare il tutto con cacao in polvere e lasciar riposare in frigorifero per alcune ore.

1 Istruzioni per cuocere bene la pasta

Abbina ogni descrizione allo strumento o ingrediente giusto.

1 .... Deve essere larga e contenere molta acqua: circa 1 litro di acqua per ogni 100 gr. di pasta.

2 .... Bisogna aggiungerlo solo quando l'acqua bolle.

3 .... Serve per mescolare la pasta mentre si cuoce.

4 .... Serve per scolare la pasta.

a Forchettone

b Sale

c Scolapasta

d Pentola

2 CILS Espressione scritta

Immagina di invitare alcuni amici a cena. Scrivi che cosa vuoi cucinare.

....
....
....

■ Made in Italy

Il Made in Italy è sinonimo di qualità.
Proprio per questo i prodotti italiani sono sempre
più imitati all'estero e venduti con etichette
Italian sounding*.

I falsari del cibo

Si sa: il cibo italiano è buonissimo e fa*
gola a molti, anche ai falsari* del cibo,
che imitano i prodotti italiani per
accrescere i guadagni. Utilizzare un
nome, marchio o qualunque cosa che
richiama l'Italia fa aumentare il valore
del prodotto del 51,2%. Nel mondo, ci
sono moltissime aziende che copiano
e vendono i falsi cibi italiani.

Qualche cifra

Il 97% dei sughi per pasta venduti
come italiani all'estero sono
imitazioni. Il 94% delle conserve
sott'olio e sotto aceto è falso, così
come il 76% dei prodotti in scatola.
Solo il 15% dei formaggi è
autentico. Il mercato dei falsi è
maggiore negli USA e in Canada
(70%) e minore (5%) nell'Unione
Europea.

I più imitati

Per far sembrare autentici i prodotti
imitati, questi hanno il
nome rigorosamente* scritto
in italiano con i colori della
bandiera dell'Italia.
I prodotti italiani più imitati
sono: il *Parmigiano
Reggiano*, il *Grana Padano*,
la *Mozzarella di bufala*,
il *Gorgonzola*, il *Prosciutto di
Parma*, la *Mortadella di
Bologna*, l'*olio extravergine
di oliva*.

*G*lossario

casari: ....
fa gola: ....
....
falsari: ....
....
....
Italian sounding: ....
....
rigorosamente: ....
....

Il parmigiano reggiano

Completa il testo su questo famosissimo formaggio italiano.

• SECOLI • INGREDIENTI • BUONISSIMO • ANTICHE

È un formaggio _ _ _ _ _ _ _ _ _ _ _ _ . È l'alimento più ricco di proteine in assoluto, più della carne e

del pesce. Il Parmigiano è anche ricco di vitamine ed è facile da digerire. Si produce nell'Italia del Nord, nelle

campagne tra Bologna, Parma e Reggio Emilia. Le sue origini sono molto _ _ _ _ _ _ _ _ _ .

La sua lavorazione è rimasta la stessa di sette _ _ _ _ _ _ _ _ fa. Gli _ _ _ _ _ _ _ _ _ _ _ _ _ _ sono il

_ _ _ _ _ _ latte, il fuoco e l'abilità dei casari*. Non vengono usati conservanti, né coloranti.

I prodotti italiani più amati ed imitati

Paese	Prodotto
Giappone	Parmigiano Reggiano
Canada	Parmigiano Reggiano, Grana Padano, stracchino, mozzarella, prosciutto di Parma, salame Milano, salame genovese, salame calabrese, robiola
Argentina	Prosciutto cotto, salame, pasta, prosciutto di Parma, Parmigiano Reggiano, Grana Padano
Germania	Parmigiano Reggiano, vini
Gran Bretagna	Parmigiano Reggiano, olio d'oliva
Stati Uniti	Vini, olio d'oliva, pasta, formaggi, salsa di pomodoro, salami, prosciutti, aceto balsamico di Modena

2 L'olio extravergine di oliva

Completa le frasi scrivendo i pezzi mancanti.

1 L'olio extravergine di oliva

....

2 Quest'olio contiene

....

3 L'olio extravergine di oliva conserva le vitamine, il sapore e

....

4 Quest'olio è particolarmente usato per

....

5 Il sapore dell'olio extravergine di oliva può essere

....

- l'aroma delle olive. Usato crudo, trasmette queste qualità agli alimenti.
- condire insalate, preparare sughi e salse.
- le vitamine E, A, K, D che hanno proprietà antiossidanti e proteggono l'organismo.
- è un alimento importantissimo per l'alimentazione.
- dolce o amaro, forte o delicato.

3 CILS

Espressione orale

C'è un cibo italiano che ami particolarmente?
Spiega perché.

■ Le associazioni di volontariato

In Italia ci sono oltre 26.000 associazioni di volontariato e più di quattro milioni di volontari che si* danno da fare per proteggere malati, poveri, anziani, animali e ambiente.

Ecco alcune tra le associazioni di volontariato più note. Scrivi i nomi al posto giusto.

1

È un'associazione nata a Milano nel 1964. Il suo scopo è promuovere lo sviluppo dei Paesi del Sud del mondo e diffondere una cultura di pace e solidarietà.

2

È la più grande associazione umanitaria del mondo. Nata per soccorrere i feriti nei campi di battaglia, oggi cerca di aiutare anche le persone portatrici di handicap, assistere chi è in fin di vita, essere vicina a chi è solo e povero.

3

Lo scopo di questa associazione è aiutare le persone che vivono per* strada: gli anziani, i senza* tetto, i giovani con problemi di alcolismo e integrazione. L'associazione ha una sala dove i ragazzi di strada si incontrano per parlare, discutere, guardare film, ascoltare musica, ecc.

4

È un'organizzazione non governativa fondata da Gino Strada nel 1994. Il suo scopo è occuparsi degli effetti devastanti* delle guerre, come dare assistenza medica ai malati, costruire ospedali, preparare medici e infermieri, promuovere la pace.

5

Questa associazione ha lo scopo di proteggere l'ambiente. Tra le sue attività, si preoccupa di tutelare le specie animali e vegetali, il patrimonio artistico, culturale e storico, di promuovere* la cooperazione tra i popoli, di ridurre* la miseria.

Glossario ■

devastanti: ....
....
per strada: ....
promuovere: ....

ridurre: ....
senza tetto: ....

si danno da fare: ....
....
....

• CROCE ROSSA • MANI TESE • GRUPPO ABELE • AMICI DELLA TERRA • EMERGENCY

L'amore fa...

Ascolta il brano della canzone *L'amore fa* di Ivano Fossati, poi completalo con le parole che mancano.

- ROSE
- TELEFONO
- VECCHI
- CAPELLI

L'amore fa l'acqua buona

Fa passare la malinconia

Crescere i _ _ _ _ _ _ _ l'amore fa

L'amore accarezza i figli

L'amore parla con i _ _ _ _ _ _ _

Qualcuno vuole bene ai più lontani

Anche per _ _ _ _ _ _ _ _

Fa crescere i gerani e le _ _ _ _

Aprire i balconi l'amore fa

Confondere le città.

2 Completa le frasi con l'infinito giusto.

- RISOLVERE • DONARE • TUTELARE • AIUTARE

1 .... le persone più bisognose è un dovere di tutti.

2 .... i problemi degli altri fa sentire meglio anche noi stessi.

3 .... la propria amicizia agli altri è un atto di generosità.

4 .... l'ambiente è il compito di molte associazioni.

3 Abbina ogni logo all'associazione giusta.

1 .... Emergency   **2** .... Legambiente   **3** .... Gruppo Abele   **4** .... Mani tese

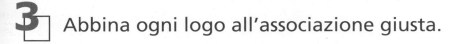

a   b   c   d

8

■ Rendersi utili

Ciao a tutti. Mi chiamo Paola e, durante le vacanze... lavoro. Mi piace trascorrere il mio tempo libero facendo qualcosa di concreto, prendendo parte a progetti sociali. Ci sono tanti modi per rendersi* utili. Ecco qualche suggerimento.

Vacanze di lavoro volontario

Le vacanze di lavoro volontario sono occasioni per trascorrere un periodo facendo un'esperienza di solidarietà e dando un contributo* alla realizzazione di progetti diversi. Riceviamo un piccolo stipendio.
La scorsa estate sono stata in India e, con tanti altri ragazzi di molti Paesi, ho ripulito la riva del fiume Gange. È stata un'esperienza indimenticabile!

Il servizio civile volontario

Nel 2005 il servizio* militare obbligatorio è* stato sospeso. Oggi, ragazzi e ragazze possono trascorrere un anno facendo un lavoro socialmente utile, svolgendo cioè il servizio civile. Fino a qualche anno fa, il servizio civile era obbligatorio per chi voleva evitare il servizio militare. Oggi, invece, possono svolgerlo anche i volontari, maschi e femmine.

Le adozioni a distanza

Si può fare volontariato anche adottando a distanza. L'adozione a distanza è un atto di solidarietà verso quelle famiglie povere che non possono mantenere* i propri figli. Bastano* pochi euro al mese per pagare le cure mediche, i libri per la scuola, il cibo e l'abbigliamento di un bambino.

Laurearsi in *no profit*

Oggi, in Italia, è possibile laurearsi in discipline *no profit*, scegliendo tra due indirizzi*: uno economico, l'altro di cooperazione internazionale ed educazione alla pace. Dice Laura, studentessa all'Università Bicocca di Milano: "Io e i miei compagni di corso cerchiamo un lavoro con l'anima, che possa realizzare i nostri ideali. L'idea che all'Università impariamo a prenderci cura delle persone più deboli e svantaggiate non è solo eccitante, è rivoluzionaria."

Glossario

bastano: ....
contributo: ....
è stato sospeso: ....
indirizzi: ....
mantenere: ....
....
rendersi utili: ....
servizio militare: ....
....

1 Ecco le motivazioni ufficiali del servizio civile volontario

Barra quelle che condividi.

- ☐ Sviluppare una sensibilità rispetto alle realtà più povere ed emarginate.
- ☐ Acquisire nuove competenze educative.
- ☐ Incontrare ed aiutare concretamente persone che hanno bisogno di solidarietà.
- ☐ Reagire all'indifferenza e impegnarsi con altri giovani.
- ☐ Formarsi ed educarsi alla pace.

2 Vero o Falso?

1 Il servizio militare è obbligatorio in Italia. VERO ○ FALSO ○

2 Il servizio civile volontario è aperto solo alle ragazze. VERO ○ FALSO ○

3 Chi partecipa ad una vacanza di lavoro volontario riceve uno stipendio. VERO ○ FALSO ○

4 Con una vacanza lavoro si dà un contributo a progetti diversi. VERO ○ FALSO ○

5 Adottando un bambino a distanza si provvede al suo mantenimento. VERO ○ FALSO ○

6 Oggi, in Italia, è possibile laurearsi in *no profit*. VERO ○ FALSO ○

3 CILS Espressione scritta

Immagina di fondare, insieme ai tuoi amici, un'associazione per aiutare gli altri.
Di che cosa vi occupate? Come la chiamate?

....
....
....
....

Gli sport più praticati

Ecco la classifica dei 10 sport preferiti dagli italiani. Abbina ad ogni sport il campione giusto.

a Ivan Basso

È nato a Gallarate, in Lombardia, nel 1977. Ha vinto, nel 2006, il Giro d'Italia.

b Francesca Schiavone

È nata a Milano nel 1980. Preferisce giocare da fondocampo. È la numero 11 del mondo. Per la sua grinta viene chiamata "La leonessa d'Italia".

c Giorgio Rocca

È nato in Svizzera nel 1975, ma vive in Italia da sempre. Nella stagione olimpica 2005/2006 ha vinto 5 gare di slalom speciale consecutive.

d Francesco Totti

È nato a Roma nel 1976. È il capitano della squadra della Roma. In campo, gioca con la maglietta numero 10. È ambasciatore dell'UNICEF.

1 [......] CALCIO

2 [......] NUOTO

3 [......] ATLETICA

4 [......] SCI

5 [......] CICLISMO

6 [......] TENNIS

7 [......] PALLACANESTRO

8 [......] MOTOCICLISMO

9 [......] PALLAVOLO

10 [......] SCHERMA

Doss... 9 LO SPORT

e Filippo Magnini

È nato a Pesaro nel 1982. Ai mondiali di Montreal, nel 2006, ha vinto i 100 metri stile libero. È il primo italiano ad aver vinto questa gara.

f Valentino Rossi

È nato a Urbino, nelle Marche, nel 1979. È uno dei più grandi piloti di moto di tutti i tempi, vincitore di sette titoli d'oro.

h Samuele Papi

È nato ad Ancona, nelle Marche, nel 1973. Per la sua bravura, tutti lo chiamano *O'fenomeno* ("il fenomeno"). I palloni importanti sono tutti per lui!

g Valentina Vezzali

È nata a Jesi, nelle Marche, nel 1974. È stata medaglia d'oro alle Olimpiadi di Sydney (2000) e di Atene (2004). Nel corso della sua carriera, ha vinto moltissime gare, da sola e in squadra.

i Andrea Bargnani

È nato a Roma nel 1985 ed è uno dei migliori cestisti italiani. Dopo aver giocato nella Benetton Treviso, nel draft NBA del 2006 è stato scelto dai Toronto Raptors. È alto 2,13 cm.

l Stefano Baldini

È nato a Castelnovo di Sotto, in provincia di Reggio Emilia, nel 1971. Con il tempo di 2 ore, 10 minuti e 55 secondi, ha vinto la maratona alle Olimpiadi di Atene 2004.

9

L'Italia e lo sport

Dal piccolo campo di calcio di periferia al grande evento sportivo... ecco alcune informazioni su come si vive lo sport in Italia.

Lo sport... di tutti i giorni

In Italia fare sport è molto diffuso. A* differenza di altri Paesi, però, l'educazione sportiva non è affidata* alle scuole, ma alle associazioni private. A livello agonistico, le gare sono organizzate dal CONI (*Comitato Olimpico Nazionale Italiano*) che coordina* 65 mila società sportive e 8 milioni di sportivi tesserati*. Nella vita di tutti i giorni, però, l'educazione sportiva dei ragazzi è affidata in genere a bravi volontari.

Gli Azzurri

Il colore di tutte le nazionali sportive italiane è l'azzurro. Per questo, tutti gli sportivi delle nazionali vengono chiamati "Azzurri".
I primi ad indossare il colore azzurro furono i calciatori della Nazionale. Nel 1911 indossarono una maglia azzurra come lo stemma* della famiglia reale di Savoia, re d'Italia.

1 È un modo di dire

Ecco alcuni modi di dire legati allo sport. Scegli il significato giusto.

1 Prendere la palla al balzo.

a ☐ Essere molto bravi a pallanuoto.

b ☐ Essere molto agili e veloci.

c ☐ Cogliere subito una buona occasione.

2 Hai voluto la bicicletta? Pedala!

a ☐ Hai desiderato ardentemente qualcosa e adesso devi faticare a mantenerla.

b ☐ Hai sempre desideri esagerati!

c ☐ Sei proprio pigro!

3 Partire in quarta.

a ☐ Guidare male l'automobile.

b ☐ Cominciare una cosa subito e con grande passione.

c ☐ Iniziare male qualcosa.

Il Campionato di calcio

È sicuramente l'evento sportivo più seguito in Italia. Ed è anche un giro* di affari enorme, tanto grande che a volte crea veri e propri illeciti* sportivi. È organizzato dalla Federazione Italiana Gioco Calcio e ha una serie maggiore (Serie A) e tre serie minori (Serie B, C e C2). Più in basso c'è la Serie D, che è di semiprofessionisti. Le regole sono quelle del Girone all'italiana, secondo il quale ogni squadra incontra tutte le altre.

Il Giro d'Italia

Il ciclismo è uno degli sport più amati. La Lega nazionale ciclismo oggi ha circa 45 mila tesserati e 1.883 società e il Giro d'Italia è davvero molto seguito. Si tratta della più importante corsa ciclistica a* tappe del mondo, dopo il Tour de France.
A partire dal 1909 si svolge ogni anno a maggio e dura tre settimane. È organizzata dall'importante quotidiano sportivo *La Gazzetta dello Sport* che si distingue per le sue pagine rosa. Chi vince il Giro indossa, per questo, la maglia rosa.

Curiosità

La Nazionale Italiana Cantanti

È una squadra di calcio formata dai più famosi cantanti italiani, che unisce sport, musica e solidarietà. In genere, infatti, gioca per raccogliere denaro per i bambini malati, i poveri o le persone in difficoltà. Nata nel 1981, nel 1996 ha ottenuto il riconoscimento ufficiale della Presidenza del Consiglio e nel 2000 è diventata ONLUS.

Glossario

a differenza: ....
a tappe: ....
affidata: ....
coordina: ....
giro di affari: ....
illeciti: ....
stemma: ....
tesserati: ....

2 Kataklò Dance Theatre
È una famosa compagnia di danza formata da...

a ◯ ex campioni olimpici.

b ◯ ex calciatori.

3 Lo sport a Roma
Abbina ad ogni luogo lo sport giusto.

1 .... Piazza Siena

2 .... Foro Italico

3 .... Stadio Olimpico

4 .... Stadio Flaminio

a Una partita di tennis

b Una gara ippica

c Rugby

d Una partita di calcio

Favola azzurra:
Italia campione del mondo

Quello che all'inizio sembrava un sogno, alla fine è diventato realtà. Ai Mondiali di Calcio 2006 l'Italia vince la Coppa del Mondo. Ecco le emozioni di alcuni calciatori subito dopo la vittoria.

È la vittoria del gruppo, di una squadra operaia*. Abbiamo fatto bene ad essere noi stessi perché siamo entrati nella storia del calcio mondiale.
Dedico questo mondiale a mio nonno, che non c'è più ed è stato una figura importante, poi ringrazio mio padre e mia madre che mi hanno cresciuto come una persona genuina*.
Gennaro Gattuso

La vittoria
9 luglio 2006: all'Olympionstadion di Berlino, la Nazionale italiana vince il suo quarto mondiale, battendo ai rigori* la Francia.

Siamo stracontenti, strafelici, è un momento magnifico. Sono ultrafelice anche per me: a dieci anni dalla vittoria con la Juventus in Champions League, vincere con la Nazionale è fantastico. La porta alle spalle di Barthez, durante i rigori, ha assunto una dimensione particolare. Sentivo molta tensione ed ero incerto su come calciare; ho deciso durante la rincorsa, o forse qualcun altro ha deciso per me...
Alex del Piero

Questa nazionale ha un grande carattere, grande forza d'animo e questo ci ha portato alla vittoria. È stata dura per tutti, ci speravamo, ci siamo riusciti.
Gianluca Zambrotta

Quante volte da bambino ho sognato di vincere e accarezzare quella Coppa! Adesso che ci sono riuscito provo una gioia immensa, indescrivibile. Ora quasi non mi rendo conto dell'impresa che abbiamo realizzato.
Gianluca Buffon

È una sensazione stupenda, dobbiamo ancora svegliarci. Non sappiamo ancora cosa abbiamo fatto. È una cosa straordinaria, arrivata grazie a un grandissimo gruppo che voleva portare la Coppa in Italia a* tutti i costi e ci è riuscito.
Andrea Pirlo

Ho sempre creduto nelle nostre possibilità di vincere il Mondiale sin da quando eravamo a Coverciano*, anche se adesso che l'abbiamo conquistato non me ne rendo conto. È una gioia indescrivibile, che rimarrà dentro e sarà sempre con me.
Al mio Mondiale do* sette, alla squadra dieci.
Francesco Totti

A nome di tutta la squadra, voglio ringraziare sentitamente* Marcello Lippi. Lascia da vincente il nostro mister*, e ora noi possiamo solo ringraziare l'uomo e l'allenatore per l'ottimo lavoro svolto e per come ha gestito* la squadra in momenti così difficili. Ci ha trasmesso la sua forza e la sua serenità e il risultato è che ora siamo Campioni del Mondo. In* bocca al lupo mister!
Fabio Cannavaro

Glossario

a tutti i costi: ....

do sette: ....
....

genuina: ....
gestito: ....
in… lupo: ....
....

mister: ....
....

operaia: ....
....

rigori: ....
....

sentitamente: ....
....

1 A Coverciano, in provincia di Firenze,
nel 2000 è nato il Museo del calcio,
un luogo della memoria del calcio italiano
Ascolta l'audio e barra le cose che puoi vedere in questo museo.

www   www.museodelcalcio.it

☐ Coppe   ☐ Palloni   ☐ Maglie

☐ Medaglie   ☐ Orologi   ☐ Coperte

☐ Scarpe   ☐ Fotografie   ☐ Calzini

☐ Guanti   ☐ Video   ☐ Pettini

2 CILS
Espressione scritta
Vai sul sito www.sositalia.it
e scopri qual è stata l'iniziativa umanitaria legata ai
Mondiali di calcio e voluta dalla FIFA (Fédération
Internationale de Football Association). Poi, scrivilo.

....
....
....
....
....

9

■ Sport e solidarietà

Le più grandi squadre italiane raccolgono denaro per aiutare gli altri. La Juventus aiuta i bambini, Totti l'Unicef, il Milan l'Africa, l'Inter Emergency, la Lazio è impegnata in progetti diversi.

Lazio, quanti impegni!

Dalla lotta alla droga della comunità di San Patrignano, a Cernobyl, agli ospedali romani: l'impegno della società biancoceleste* non conosce confini*. I giocatori vanno spesso a visitare i bambini malati negli ospedali pediatrici* romani del Gemelli, del Bambin Gesù e del San Giovanni. Ma aiutano anche altre organizzazioni per la lotta contro diverse malattie.

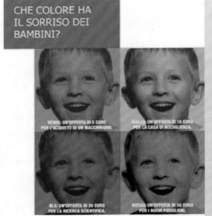

CHE COLORE HA IL SORRISO DEI BAMBINI?

La Juventus aiuta i più piccoli

I giocatori della Juve sono molto impegnati nella solidarietà. I bianconeri*, grazie a canzoni, dischi, presenze in tv, hanno messo insieme quattro milioni e mezzo di euro per sistemare l'Abbazia di San Girolamo, vicina all'ospedale Gaslini di Genova. In questo modo, i 24 mila bambini ricoverati* ogni anno possono frequentare la scuola e soprattutto avere vicino i genitori.

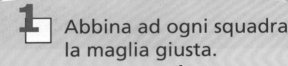

È la squadra più bella di cui abbia mai fatto

1 Abbina ad ogni squadra la maglia giusta.

1	....	Inter
2	....	Palermo
3	....	Fiorentina
4	....	Chievo
5	....	Torino

a rosa nero

b viola

c granata

d nero azzurro

e giallo

UNISCITI A NOI!

...ngo, un bambino su cinque
...raggiunge i 5 anni di età:
viene ucciso da **sei malattie killer**.
...bbiamo permetterlo!

Unisciti a Fondazione Milan e UNICEF
per vaccinare i bambini del Congo
e sostieni con fermezza ed impegno i diritti dei più piccoli
sanciti dalla Convenzione ONU. La salute dei bambini
è uno dei diritti fondamentali e tutelarla è un dovere di tutti.

FONDAZIONE
MILAN
per
unicef

...ri contributi: "Fondazione Milan per UNICEF" c/o Banca Intesa S.p.a. c/c 6120005644/03 ABI 3069 CAB 9400

Una partita da vincere insieme

Il Milan per l'Africa

Il Milan è partner ufficiale dell'UNICEF
ed è molto attivo nella raccolta fondi per
vaccinare i bambini del Congo con lo
slogan: "Una partita da vincere insieme".
In questa iniziativa sono stati coinvolti tutti
i tifosi rossoneri*, circa sette milioni
in totale ed i Milan club (oltre un migliaio).

Glossario

barzellette: ....
....
biancoceleste: ....
bianconeri: ....
confini: ....
giallorossa: ....
pediatrici: ....
ricoverati: ....
rossoneri: ....

Totti e la Roma

La beneficenza della Roma si deve soprattutto agli impegni di
Francesco Totti, capitano della squadra giallorossa*. Il giocatore
romano è testimonial dell'UNICEF e a quest'organizzazione sono
andati i guadagni del suo libro delle barzellette*. Il modo di
parlare di Totti, infatti, ha creato una serie infinita di
barzellette, che... lui stesso racconta. Totti ha
finanziato per intero l'acquisto di due macchinari
per l'ospedale S. Spirito di Pescara.

2 È un modo di dire

Ecco alcuni modi di dire legati al "pallone" e al gioco del calcio. Scopri il loro significato.

1 **Essere un pallone gonfiato.**

a ☐ Essere pieno di superbia,
darsi molte arie.

b ☐ Essere molto ricchi.

2 **Andare nel pallone.**

a ☐ Amare molto il calcio.

b ☐ Andare in crisi e non riuscire a fare
più niente.

3 **Salvarsi in corner.**

a ☐ Nascondersi.

b ☐ Salvarsi all'ultimo momento.

4 **Prendere a calci il buonsenso.**

a ☐ Seguire le regole del buon senso.

b ☐ Non seguire per niente le regole
del buon senso.

Ecologia

■ Un ambiente sano

Il 22 aprile si festeggia *l'Earth Day*, il Giorno della Terra, un appuntamento mondiale, celebrato in 141 nazioni per un mondo più pulito. L'Italia è molto impegnata nella difesa dell'ambiente, grazie ad alcune importanti iniziative.

Festa dell'albero
È una giornata dedicata al "rinverdimento*" delle città. Tutti, grandi e piccoli, piantano alberi e piantine nei giardini delle scuole, nelle aree* degradate, nei parchi. Durante l'anno, poi, l'albero piantato deve essere controllato e protetto.

Spiagge pulite
È l'appuntamento che arriva prima di ogni estate. Ogni partecipante riceve sacchi, guanti e rastrello per pulire le spiagge. I sub, invece, puliscono i fondali* davanti alle spiagge e recuperano rifiuti di vario tipo: dalle lavatrici ai sacchetti di plastica.

Treno verde
È un treno vero e proprio che viaggia in Italia per informare la gente sulla salute dell'ambiente. Il treno si ferma per cinque giorni in ogni stazione. Chiunque può salire sul treno e visitare le carrozze allestite* con mostre e laboratori ambientali di vario tipo.

Salvalarte
Questa iniziativa ha due scopi. Il primo, segnalare alcuni tra i monumenti più danneggiati e restaurarli. Il secondo, far conoscere alcuni tra i beni culturali "minori", cioè poco conosciuti.

1 Segna da 1 (più grave) a 7 (meno grave) i seguenti problemi ecologici.

- ☐ Surriscaldamento del pianeta.
- ☐ Disastri ecologici.
- ☐ Scarsità dell'acqua potabile.
- ☐ Distruzione delle foreste.
- ☐ Estinzione di razze animali.
- ☐ Inquinamento acustico.
- ☐ ....

Mal'Aria

È l'iniziativa che ha, come simbolo, tante lenzuola bianche che sventolano dai balconi e sulle quali c'è scritto "No allo smog". Questa iniziativa lotta contro lo smog e l'inquinamento dell'aria, presenti in molte città d'Italia.

Goletta* verde

Con questa iniziativa, una goletta percorre le coste italiane e preleva* alcuni campioni di acqua per vedere se le acque del mare sono inquinate o no. Informa anche i cittadini sul comportamento da tenere nei confronti dell'habitat marino.

Glossario

allestite con: ....
....
aree degradate: ....
....
fondali: ....
....
goletta: ....
....
preleva: ....
rinverdimento: ....
....

2 Barra la casella giusta.

1 Quale di questi tipi di energia è meno inquinante?

a ☐ Petrolio   c ☐ Vento

b ☐ Carbone   d ☐ Gas

2 Quale di questi rifiuti ha bisogno di più tempo per degradarsi?

a ☐ Bottiglia di plastica   c ☐ Bottiglia di vetro

b ☐ Gomma da masticare   d ☐ Lattina

3 Completa le frasi con gli indefiniti "poco, diversi, ogni".

1 Durante la *Festa dell'albero* si piantano .... tipi di alberi.

2 *Spiagge pulite* è l'appuntamento che arriva prima di .... estate.

3 *Salvalarte* valorizza alcuni beni culturali .... conosciuti dal grande pubblico.

4 CILS
Espressione scritta

Scrivi uno slogan per un'iniziativa a difesa dell'ambiente.

....
....
....
....

10

■ 🎧 Animali protetti

Le oasi del WWF sono delle zone dove gli animali in pericolo sono protetti e possono vivere tranquillamente. Le oasi del WWF Italia, oggi, sono 134 e ricoprono* circa 35.000 ettari di territorio.

Ascolta l'audio e completa le frasi.
Poi, abbina ogni animale alla sua foto.

1 ☐ La ☐☐☐☐ ☐☐☐☐☐☐

Vive nel Parco marino a Pantelleria. È un

.... molto delicato. Ama la vita tranquilla

e ha bisogno di mari puliti. Questo animale può avere

solo un cucciolo* ogni anno. Il cucciolo non impara subito

a nuotare e a trovare il .... Per questo

motivo, molti cuccioli muoiono.

2 ☐ Il ☐☐☐☐☐

La caratteristica principale di questo

animale sono i palchi*, che

distinguono il maschio dalla femmina.

Mangia ogni tipo di ....

Fino all'XI secolo era diffuso in tutta

.... Oggi, si trova

principalmente nell'oasi Valtrogona,

nel Trentino Alto Adige.

3 ☐ La ☐☐☐☐☐☐

Sta nascosta di giorno e scende nell'acqua di

.... Vive vicino ai fiumi, ai

ruscelli, ai laghi di montagna. È un'ottima

nuotatrice e può rimanere sott'acqua per

parecchi minuti, grazie ai suoi ottimi

polmoni. A Penne, in Abruzzo, è stato

realizzato un Centro per la sua tutela.

4 ☐ L'☐☐☐☐ ☐☐☐☐☐ ☐☐☐☐☐☐☐☐☐

È il mammifero terrestre più grande in Italia. Mangia di tutto, ma .... si nutre di

vegetali. È un animale solitario. È presente soprattutto in Abruzzo.

5 ☐ Il ☐☐☐☐☐☐☐☐☐☐☐☐ ☐☐☐☐

È un uccello che vive in ...., in regioni molto calde. Il suo colore è rosa. Ha un collo

.... ed è molto alto, circa 2 metri. In Italia, vive soprattutto in Sardegna, nello stagno

Molentargius. In Italia arriva per trascorrere l'inverno, poiché è abbastanza caldo.

6 ☐ Il ☐☐☐☐☐☐☐

Ha le ali di vari colori. In Italia, si trova principalmente nel lago di Burano, in Toscana. Ogni

............................., migra* verso sud, in California, Florida,

Messico. Il volo più lungo documentato dagli studiosi è

stato di 2900 km. Vive poco: circa due anni.

f

Il WWF è la più grande organizzazione del mondo per la difesa dell'ambiente, anche conosciuta come "l'Associazione del panda", grazie al simbolo che la rappresenta. Il suo obiettivo è tutelare gli ambienti minacciati e salvaguardare le specie in pericolo.

e

*G*lossario

cucciolo: ....
migra: ....
palchi: ....
ricoprono: ....

■ Riciclare

Io mi chiamo Giorgio e sono di Padova. Con i miei compagni di classe ho svolto* una ricerca dal titolo: "Esempi di tutela dell'ambiente". Riciclare e smaltire* i rifiuti è un dovere di ogni cittadino.

Ecomondo

Ogni anno, a Rimini, si svolge *Ecomondo*, un'importante fiera internazionale sul recupero di ogni tipo di materiale, sulla ricerca di nuove forme di energia e sullo sviluppo* sostenibile. Tutto, o quasi tutto, si può riciclare: vetro, carta, alluminio, materiale organico.

Ma anche l'aria può essere ripulita, così come le acque possono essere riciclate e l'energia rinnovata.

www.ecomondo.com

Ecofatto

È una mostra allestita* all'interno di *Ecomondo*, dedicata ai prodotti realizzati con le materie prime riciclate. È possibile vedere biciclette, mobili, giocattoli, vestiti, materiali per l'edilizia* e molto altro.

Ri 3

È una rassegna che si tiene contemporaneamente a *Ecomondo*. *Ri 3* significa *Rigenera Ricarica Riusa* ed è dedicata ai prodotti per l'ufficio rigenerati, ricaricati e riusati. I rifiuti RAEE (di apparecchiature elettriche ed elettroniche) come l'inchiostro per le stampanti, il toner, computer e cellulari devono essere smaltiti dai produttori.

CON 116 BOTTIGLIE DI PLASTICA SI FA UNA VERA BARCA A VELA

Riciclando

Anche la moda si fa… ecologica. L'*Istituto Europeo di Design* di Milano realizza, ogni anno, una collezione di moda itinerante* usando i rifiuti più comuni, come bottiglie di plastica, carta, tappi, calze di nylon, suole delle scarpe, foglie di banana, vetro, ecc.

L'esperienza di Laura

"Con gli altri studenti dell'*Istituto Europeo di Design*, ho realizzano una bellissima collezione di gioielli. Ho sostituito i materiali preziosi, come l'oro e l'argento, con monete, cucchiai di plastica, carta, pasta, vecchie tastiere e telefoni. Il risultato è stato incredibile: il riciclo dei materiali ha fatto diventare gli oggetti davvero… preziosi."

Remade in Italy
È un'importante iniziativa sul riciclo dei materiali. Ogni anno, numerose aziende nazionali possono presentare alcuni progetti sul riciclo di materiali ed esporli in una mostra. Fino ad oggi, sono stati esposti tavoli, accessori per l'ufficio, sedie, abbigliamento, oggetti da cucina, tutti derivati dalla raccolta* differenziata.

www.remadeinitaly.it

Glossario

allestita: ....
edilizia: ....
itinerante: ....
raccolta differenziata: ....
....
smaltire: ....
sviluppo sostenibile: ....
....
svolto: ....

1 Lo sapevi che... Leggi le notizie ed esprimi un tuo commento.

1 *Riciclonda* è una regata per barche costruite in materiale riciclato. È nata a Ravenna nel 2005 ed ha avuto un grande successo.

....

2 C'è una nuova collana di libri per ragazzi voluta da Greenpeace, tutta stampata su carta riciclata. Si intitola *I libri di viaggio*. Tra gli scrittori italiani che hanno aderito all'iniziativa ci sono Andrea De Carlo, Sandro Veronesi, Niccolò Ammaniti, Stefano Benni, Camilla Baresani.

....

3 È un cellulare "usa e getta", si chiama *Paper Says*. L'interno è come qualsiasi cellulare, ma l'esterno è di tetra pak. È molto leggero, economico, si vende negli aeroporti, musei e aziende private.

....

4 Sono nate le carte da pareti con i canti della *Divina Commedia*. Non tutti i canti sono pronti, ma lo saranno tra breve. Di chi è ques'idea? Di Francesco Sforza, scenografo-artista-editore.

....

2 L'alluminio non è tossico e, per questo motivo, viene usato soprattutto per...
Leggi la risposta allo specchio e scoprilo.

confezionare gli alimenti

....
....

3 E tu ricicli? Che cosa?

....

....

La moda

■ Eleganza all'italiana

La moda cambia molto velocemente, ma una cosa resta uguale da più di 50 anni: il prestigio* dello stile italiano. Scopriamo perché.

Marchi globali

Secondo una ricerca fatta in 42 Paesi tra Europa, Asia, Africa, Stati Uniti e America Latina, i vestiti e gli accessori* più desiderati nel mondo sono quelli di Giorgio Armani e di Gucci.

Questi due marchi, infatti, simboleggiando qualità, grande eleganza e stile, esprimono valori senza tempo validi dappertutto. Come tutta la grande moda italiana.

Mezzo secolo di stile

Il 25 febbraio 1951, con la sfilata organizzata dal conte Giorgini a Firenze per un pubblico internazionale, inizia la storia della moda italiana. Prima, gli abiti dei grandi sarti erano solo per pochi clienti molto ricchi, ospitati nella riservatezza* delle sartorie. Giorgini, invece, ebbe l'idea di creare "la sfilata", cioè un'occasione pubblica per far conoscere, e comprare, gli abiti dal maggior numero possibile di clienti. Le prime sfilate si tennero nella famosa Sala Bianca di Palazzo Pitti, a Firenze. Oggi Palazzo Pitti è ancora un punto* di riferimento per la moda maschile con le sfilate *Pitti Uomo* o *Pitti Immagine*.

La moda per tutti

Fine anni '70: il settore della moda è un po' in crisi e c'è bisogno di idee nuove. L'esperto di moda Beppe Modenese ha l'idea di far sfilare gli abiti di un gruppo di giovani stilisti italiani completamente sconosciuti. Tra questi ci sono Laura Biagiotti, Valentino, Krizia, Giorgio Armani, Gianni Versace… è l'inizio del *Made in Italy*, cioè di abiti di grandissima qualità a prezzi abbordabili*. Ed è la nascita di Milano come "città della moda". A Beppe Modenese si deve anche la scoperta di Dolce & Gabbana che, dallo scantinato dove lavoravano, sono diventati uno dei marchi più famosi al mondo.

Armani

Fontana

Missoni

Versace

1 Stilista anche tu

Queste sono le creazioni di alcuni degli stilisti italiani che hanno rivoluzionato la storia della moda. Abbina ad ogni abito lo stilista giusto.

1 ....

Il famoso "pretino". Ideato per l'attrice Ava Gardner nel 1955, piacque così tanto a Federico Fellini, che lo usò nella "Dolce Vita".

2 ....

Questa giacca ha contribuito a rendere famoso Richard Gere nel 1980.

3 ....

La maglia, lavorata in modo speciale, si porta anche d'estate.

4 ....

Un successo di oltre 20 anni, che ha reso famose molte modelle.

5 ....

È il modello di borsa più amato e imitato nel mondo.

6 ....

Fantasia e originalità per tutti.

a **Ottavio e Rosita Missoni:** la maglia non è solo "calda", ma diventa arte e colore.

b **Gianni Versace:** nel 1980 ha inventato la "maglia metallica" e la gonna asimmetrica.

c **Sorelle Fontana:** con loro il concetto di fantasia si lega a quello di eleganza.

d **Miuccia Prada:** ha rivoluzionato la *shopping bag* e la *doctor bag*.

e **Giorgio Armani:** ha inventato la giacca comoda, facile da indossare e che sta bene a tutti.

f **Dolce & Gabbana:** hanno rivoluzionato la moda "della strada".

2 In negozio

Ecco un dialogo in un negozio di vestiti. Trova e scrivi il significato delle parole evidenziate.

- Buongiorno, posso vedere quel **completo** in vetrina?
- Quello con la **canotta** gialla?
- Sì, con lo **scollo** asimmetrico.
- Ecco a lei… il **camerino** è in fondo.

- **Come mi sta**?
- Mi sembra un po' **attillato** in vita.
- Sembra anche a me… ci vuole una **taglia** in più.
- Questo le starà sicuramente bene.

- Quanto **viene**?
- 150 euro.
- È un po' **caro**…
- No, se pensa che è **griffato**.

....

....

....

....

Il segreto

Ma qual è il segreto del successo del *Made in Italy*? Risponde Beppe Modenese: «Personalità, determinazione e riconoscibilità. Per esempio, la giacca di Armani è inconfondibile*, come il *bustier* di Dolce & Gabbana o certi colori di Versace. In più, gli italiani hanno la capacità di inventare stili, cioè sanno rivoluzionare il gusto e il modo di vestire. I creatori di moda di altri Paesi presentano abiti bellissimi, ma raramente lasciano il segno e fanno scuola».

Glossario

abbordabili: ....
accessori: ....
inconfondibile: ....
prestigio: ....
punto di riferimento: ....
riservatezza: ....

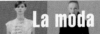

11

■ Le sfilate di Milano

Sono un appuntamento importantissimo per il mondo della moda, un punto di riferimento per il *fashion system* mondiale.

La moda è una cosa seria

Anzi, serissima, perché ha un attivo* di 20 miliardi di euro. Dietro a gonne, gioielli e tacchi alti c'è il lavoro di moltissime persone. Tutto si gioca in soli 10 giorni, durante "Milano Moda Donna", punto di riferimento per il *fashion system* internazionale. Le sfilate di Milano hanno due importantissimi appuntamenti l'anno: uno a febbraio, per la collezione* invernale, e uno ad ottobre, per la collezione estiva. Oltre a stilisti famosi, Milano Moda Donna presenta anche nuovi talenti, permettendo l'incontro con la stampa specializzata e i compratori. Il cuore* della manifestazione è il Padiglione 4 della Fiera di Milano, che ospita più di mille giornalisti, 10 agenzie di stampa, 38 televisioni, 5 radio, 6 testate* multimediali e oltre 100 fotografi.

La moda? Roba da museo
Ecco come i musei hanno celebrato molti stilisti italiani.

- Il *Fashion Institute of Technology di New York* ha esposto gli abiti più belli di Gianni Versace, Dolce & Gabbana e molti altri.
- Al *Victoria and Albert Museum* di Londra sono stati esposti più di 100 abiti di Gianni Versace.
- La mostra *Cinquant'anni di moda italiana* ha avuto uno straordinario successo in America Latina e Giappone.
- Il museo Guggenheim di New York ha organizzato la mostra *Italian Methamorphosis 1943-1968*.
- La mostra *Trent'anni di magia dei vestiti* di Valentino a New York ha avuto 70.000 visitatori in due settimane.
- I vestiti di Giorgio Armani sono stati esposti nei più importanti musei d'arte moderna del mondo.

1 Abbasso il gerundio!

Riscrivi le seguenti frasi in forma esplicita.

1 *Milano Moda Donna* presenta anche nuovi talenti, permettendo l'incontro con la stampa specializzata e i compratori.

....

2 I grandi industriali hanno il controllo diretto sulla produzione dei tessuti, avendo molte fabbriche in attivo.

....

3 Essendoci stretta collaborazione tra industriali tessili e stilisti, è possibile produrre abiti sempre nuovi in pochissimo tempo.

....

Giorgio Armani aiuta l'UNHCR. Lo aiutano in questa importante iniziativa i famosi cantanti Eros Ramazzotti e Laura Pausini.

Il segreto del successo

Dietro il successo della moda italiana c'è una grandissima organizzazione economica e industriale. I grandi industriali hanno il controllo diretto sulla produzione dei tessuti, avendo molte fabbriche in attivo che producono lino, cotone, lana e altri tessuti, e gestendo il 30% del mercato mondiale. Inoltre, essendoci stretta collaborazione tra industriali tessili* e stilisti, è possibile produrre abiti sempre nuovi in pochissimo tempo.

2 Per modo di dire

Trova il significato giusto di questi modi di dire.

1 Mi sta a pennello!

- a ☐ Mi sta molto bene.
- b ☐ Mi sta molto male.

2 Questi pantaloni mi slanciano.

- a ☐ Sono troppo stretti!
- b ☐ Mi fanno sembrare più magro e più alto.

3 Scopri la frase.

Completa lo schema e leggi in orizzontale una frase dello scrittore André Suares sulla moda.

Glossario

attivo: ....
collezione: ....

cuore: ....

tessili: ....
testate: ....

4	8		1	5	9	8		7 `			
4	8		1 M	2 I	3 G	4 L	2 I	5 O	6 R	7 E	
9	7	4	4	7			16	8	6	14	7
10	11	7	4	4	8		9	5	19	7	
12	7	14	14	11	12	5		6	2	9	7
13	7	6	15	20	7 `		17	11	17	17	2
13	8	6	17	7	15	2	13	8	12	5	

85

11

■ In giro per vetrine

Ti va di andare a vedere i più bei negozi di moda italiani? Allora andiamo a Roma e Milano.

Via Condotti a Roma

È la "vetrina" della moda italiana e internazionale. Infatti, passeggiando per questa prestigiosa e antica via di Roma, puoi vedere i negozi degli stilisti più famosi. La via prende il nome dalle condotte* sotterranee dell'acqua, fatte costruire da papa Gregorio XIII nel 1600. A via Condotti c'è anche il più antico bar di Roma, il Caffè Greco, dove si beve uno dei migliori caffè della città. Negli anni, Il Caffè Greco, ospitando i personaggi più importanti della cultura e dell'arte, ha reso via Condotti una strada molto prestigiosa. Per questo i più importanti negozi di moda della città sono tutti qui.

Via Montenapoleone a Milano

Passeggiando per via Montenapoleone capita* spesso di vedere star del cinema o della musica. La zona tra via Montenapoleone, Via della Spiga, via Sant'Andrea e via Pietro Verri, è il "quadrilatero* della moda", uno dei maggiori centri dell'alta moda mondiale. Qui, infatti, non solo ci sono i negozi degli stilisti, ma anche i laboratori, i luoghi dove lavorano. A Via Montenapoleone, le signore più ricche di Milano o le star più famose, vengono raramente da sole. Hanno sempre il *personal shopper*, cioè un esperto di moda che consiglia loro cosa comprare.

L'Emporio Armani

È un tipo di negozio, voluto dallo stilista Giorgio Armani, dove è possibile comprare i suoi vestiti a prezzi contenuti*. Nel mondo ci sono 121 Empori Armani. Dice lo stilista: "Ho cinque linee*, disegno vestiti che costano migliaia di euro, ma con lo stesso amore, disegno abbigliamento *casual* a prezzi accessibili". In particolare, segnaliamo l'Emporio Armani di Milano per la sua bellezza. Elegante, bianco e metallico, ospita importanti appuntamenti culturali.

L'Emporio Cavalli

Si trova a Milano ed è il luogo della mondanità più sfrenata*. Non è solo un negozio dello stilista Roberto Cavalli, ma anche un bar di lusso con acquari e ascensori a forma di zucca, proprio come quella di Cenerentola. Qui anche il cibo è design. Per esempio, puoi mangiare il famoso carpaccio* "giraffato*", con salse colorate di un grande effetto. Sarà buono? Di sicuro sarà caro…

𝒢lossario

capita: ....
carpaccio: ....
condotte: ....
....
contenuti: ....
giraffato: ....
linee: ....
mondanità: ....
quadrilatero: ....
....
sfrenata: ....

E a Tokyo…

Il negozio Prada a Tokyo è un capolavoro di architettura moderna. È stato progettato da Jacques Herzog e Pierre de Meuron, due architetti svizzeri ideatori della Tate Gallery di Londra e dello stadio di Pechino per le Olimpiadi 2008.

1 Non solo moda

Completa ogni frase nel modo giusto.

1 .... In via Condotti c'è anche la sede dei…

2 .... Napoleone vietò l'importazione di caffè e il Caffè Greco…

3 .... Affittare un negozio in via Montenapoleone…

a … costa 17 mila euro al mese.

b … non servì caffè peggiore, ma ne servì meno e in tazze più piccole.

c … Cavalieri di Malta, dove questi andarono dopo che Napoleone conquistò Malta nel 1798.

2 Indovina.

Questa è la mappa del "quadrilatero della moda". Siamo nel centro di Milano. Indovina il nome giusto.

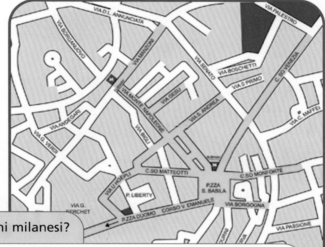

1 Qual è la piazza preferita dai giovani milanesi?

....

2 Quale strada porta al famoso teatro lirico La Scala?

....

3 Che strada prendi se vuoi arrivare al Duomo di Milano?

....

3 Il salotto di Milano

È la Galleria Vittorio Emanuele. Ascolta e completa il testo con le parole giuste.

…… piazza del Duomo, ……………………… i Portici Settentrionali, entri ………… Galleria Vittorio Emanuele, creata nel 1877. La chiamano "il salotto di Milano", perché è ricca di negozi, librerie, ristoranti e bar. Il braccio principale va ………… piazza del Duomo ………… piazza della Scala. …………………………… braccio minore c'è una cupola alta 47 metri. Quando arrivi ……… piazza della Scala puoi vedere ………………………… il famoso teatro lirico La Scala, costruito nel 1776 sull'antica chiesa di S. Maria alla Scala, distrutta da un incendio.

Vernazza

I trulli di Alberobello

Si tratta di costruzioni di pietra a* secco e ogni trullo corrisponde ad un ambiente della casa. Così, per fare una casa intera, c'è bisogno di più trulli. Alberobello nacque tra il 1400 e il 1500, quando i Conti di Conversano, proprietari di quelle terre, vi mandarono un gruppo di contadini. In quel periodo era possibile costruire case solo con l'autorizzazione del re ma, per averla, bisognava pagare. Per non pagare, i Conti ordinarono ai contadini di costruire case senza usare cemento. Bastava attaccare una corda alla cima del trullo, tirarla e il trullo crollava* in un istante.

La valle dei templi, Agrigento

Vale assolutamente la pena visitarla! Infatti, è la più importante testimonianza della civiltà greca in Sicilia (V secolo a.C.). Tra i templi, bisogna ricordare quello di Zeus Olimpo, di Castore e Polluce, della Concordia, di Hera (Giunone) e il tempio di Eracle. Si noti che tutti gli edifici sono rivolti ad est. Per la religione greca, infatti, bisognava che il sole illuminasse la porta d'ingresso del tempio, per onorare la divinità.

Costiera amalfitana

Bisogna assolutamente andarci! Caratteristiche sono le sue coltivazioni "a terrazzo", soprattutto di limoni. Inoltre, la zona è ricca di storia. Amalfi, per esempio, era una delle ricche e potenti Repubbliche Marinare medievali.

L'Italia dell'Unesco

L'Italia è al primo posto nel mondo per il numero dei luoghi dichiarati "Patrimonio universale" dall'UNESCO. Ecco alcune delle 40 "meraviglie d'Italia".

Le Cinque Terre

Si tratta di una zona sulla costa della Liguria e… non bisogna assolutamente perdersela*! Si tratta di cinque miglia di costa rocciosa su cui si trovano 5 piccoli paesi: Monterosso, Vernazza, Corniglia, Manarola, Riomaggiore. Il paesaggio è davvero straordinario. In particolare, bisogna ammirare i muri in pietra delle coltivazioni "a terrazzo". Si tratta di coltivazioni fatte su colline dove è stato necessario costruire moltissimi muretti per creare zone pianeggianti. Questi muretti hanno centinaia di anni e, messi in fila, sono lunghi 11 mila chilometri: come la muraglia cinese!

Glossario

a secco: ....

crollava: ....
patrono: ....
perdersela : ....
sovrapposte: ....

Chiesa di San Francesco, Assisi

Ad Assisi nel 1182, nacque San Francesco, santo patrono* d'Italia. Alla sua morte, nel 1228, papa Gregorio IX fece costruire la basilica. Questa è composta da due chiese sovrapposte*. In quella inferiore si trova la tomba di San Francesco. La basilica è famosa anche per i bellissimi affreschi di Giotto che rappresentano la vita del santo.

Centro storico di San Gimignano

San Gimignano è una splendida cittadina medievale della Toscana, famosa in tutto il mondo per le sue torri, simbolo della ricchezza e del potere delle sue famiglie nobili. Una volta San Gimignano aveva ben 72 torri, ma oggi ne restano solo 14.

Centro storico di Pienza

Bisogna ricordarla perché Pienza è stata sia la prima città "moderna", sia il simbolo del Rinascimento. Qui, infatti, per la prima volta palazzi religiosi e civili si trovano nella stessa piazza, in una struttura piena di razionalità e armonia. La volle così papa Pio II che vi era nato. Con la collaborazione del grande architetto Giovan Battista Alberti, il piccolo paese si trasformò in uno straordinario esempio di arte rinascimentale.

12 ■ Maestri dell'arte

Il patrimonio artistico italiano è davvero infinito. Abbiamo scelto 3 artisti italiani che hanno rivoluzionato l'arte mondiale. Cerchiamo di capire come e perché.

Breve storia dell'arte italiana

ARTE ROMANICA (X-XIII secolo d.C.)
Si esprime soprattutto nell'architettura e nel bassorilievo. Nelle costruzioni si ispira all'antica Roma, con edifici semplici e monumentali, archi a tutto sesto, colonne e volte. Esprime soprattutto semplicità, purezza e spiritualità.

ARTE GOTICA (XII-XVI secolo d.C.)
Si realizza soprattutto nell'architettura, caratterizzata da volte a crociera, colonne e archi a sesto acuto. Il suo scopo, infatti, è "avvicinarsi a Dio", quindi le sue costruzioni hanno una grande verticalità.

Simone Martini (1284-1344)
Nato a Siena, elabora con grande eleganza il tipico "distacco" bizantino, con bellissime linee curve e colori vivaci. Per primo, rende umani i personaggi sacri. La sua opera più famosa è *L' Annunciazione*, oggi agli Uffizi di Firenze.

L'UMANESIMO (1400)
È una corrente artistica che nasce a Firenze nel 1400, sulla riscoperta dei valori di bellezza e armonia della classicità. Il nome deriva dalla parola latina *humanitas*, che significa "tutto ciò che è degno dell'uomo". Si sviluppa soprattutto in architettura, scultura e pittura.

Filippo Brunelleschi (1377-1446)
Nato a Firenze, architetto, costruì la cupola del Duomo di Firenze in modo rivoluzionario, cioè senza sostegni. Sviluppò i concetti matematici della prospettiva, influenzando tutta la pittura del Rinascimento.

Giotto (1267-1337)

La pittura diventa reale
Per primo introduce* in pittura il senso dello spazio, del volume e della naturalezza. Giotto porta la realtà nella pittura, con l'espressione dei volti, i gesti naturali, la solidità dei corpi e dei colori. La sua naturalezza, però, non significa copiare la realtà: la realtà di Giotto è sempre armoniosa, simmetrica e piena di significati religiosi e morali. Tra le sue opere maggiori, gli affreschi sulla vita di San Francesco ad Assisi e della Cappella degli Scrovegni a Padova e il progetto del campanile del Duomo di Firenze.

Gli affreschi di Assisi
Dal 1296 al 1300 Giotto dipinge 28 affreschi sulla vita di San Francesco nella Basilica Inferiore di Assisi. Questi affreschi sono un capolavoro di concretezza* e di umanità dove viene rappresentata, per la prima volta, la vita quotidiana: gli oggetti, i mestieri, le città… Anche quando Giotto dipinge i miracoli del santo, la scena non è mai concitata*, ma calma, "classica". Le scene non sono unite tra loro, ma ciascuna è inserita* nello spazio architettonico della chiesa.

Il campanile del Duomo di Firenze
Nel 1334 Giotto progetta il campanile del Duomo di Firenze. Questa costruzione è la massima espressione del "senso del colore" di Giotto. Egli, infatti, usa marmi bianchi, rossi e verdi per "colorare" lo spazio. Il campanile, in realtà, serve solo per decorare la piazza.

La Cappella degli Scrovegni
La Cappella degli Scrovegni è una piccola chiesa di Padova, affrescata da Giotto tra il 1303 e il 1305. Qui lo studio della figura umana fa grandi progressi e le figure sembrano avere realmente un "peso" e appoggiare veramente su pavimenti, prati o altro.

Leonardo Da Vinci (1452-1519)

L'importanza di essere curiosi

Semplicemente, il genio. Pittore, inventore, architetto, scienziato... nessun campo* del sapere* è sconosciuto a Leonardo. La sua produzione è enorme e variegata*. Vogliamo parlare delle sue fortificazioni militari? O delle macchine per volare? Dei capolavori come *L'Ultima cena* o *La Vergine delle Rocce?* O dei suoi studi sul corpo umano? Secondo Leonardo la natura – cioè il mondo intero in tutti i suoi fenomeni – è *"molto maggiore e più degna cosa a leggere"*, cioè è più importante dello studio sui libri. Lui stesso, del resto, non conosceva il latino, la lingua degli studiosi del tempo. Così decise di impararlo da solo a 42 anni, solo per dimostrare che... non* ci vuole poi tanto!

La Vergine delle rocce (1483)

È uno dei simboli della libertà mentale di Leonardo. La Confraternita della Concezione di Milano, infatti, chiede a Leonardo un quadro con un soggetto ben preciso: Gesù Bambino, San Giovanni e la Madonna. Ma Leonardo non rispetta il contratto e l'opera è così ambigua* da essere quasi scandalosa. Il vero protagonista* sembra essere San Giovanni. Gesù Bambino, infatti, lo benedice, l'angelo lo indica e la Madonna lo abbraccia.

Il RINASCIMENTO (1500)

Perfeziona i concetti dell'Umanesimo, esprimendo la centralità dell'uomo nella creazione divina. Le sue chiese e i suoi palazzi sono fatti su misura per l'uomo, la sua vita e la sua importanza nel mondo.

Raffaello Sanzio (1483-1520)

Con lui l'arte ritrae la natura, ma la natura perfetta, bellissima, classica. Tutto nelle sue opere è sereno, perfettamente armonioso.
Fu un grandissimo ritrattista.
Il suo tema preferito è la Madonna col Bambino, tipicamente italiano, che egli seppe ritrarre in mille modi diversi.

Caravaggio (1561-1610)

Introduce il naturalismo in pittura: facce e mani rovinate dal lavoro, frutta troppo matura... il tutto illuminato da luci drammatiche, fortissime e teatrali. Sono pochi i quadri in cui il pittore lombardo dipinge lo sfondo: i soli protagonisti della sua opera sono gli esseri umani.

BAROCCO (1600)

Il 1600 è un secolo di guerre che distrugge ogni idea di armonia. Il Barocco nasce come risposta cattolica al rigore dei Protestanti. Ha lo scopo di diffondere le idee cattoliche, "catturando" il cuore del popolo con immagini drammatiche e grandiose. Tipici sono il movimento delle figure e i contrasti tra luce ed ombra.

Salvator Rosa (1615-1673)

Napoletano, darà l'ispirazione a tutti gli artisti romantici. I suoi paesaggi sono naturali ma misteriosi, e tutto è grandioso nei suoi dipinti: la luce, i gesti, il movimento.

1 CILS

Espressione orale

Ecco alcune delle qualità umane alle quali Leonardo Da Vinci teneva di più. Tu quale hai? Quale vorresti sviluppare e come? Spiegalo ai tuoi compagni.

- O **Curiosità:** imparare sempre e da tutto, voler sapere.
- O **Dimostrazione**: verificare sempre se le tue idee sono giuste o sbagliate.
- O **Sensazione**: saper guardare, ascoltare e toccare per perfezionare l'esperienza.
- O **Relatività:** saper accettare il dubbio e coltivare l'ironia.
- O **Corporalità:** cioè coltivare l'eleganza e la forma fisica.
- O **Connessione:** capire che nel mondo tutto è collegato e noi siamo una parte del tutto.

Glossario

ambigua:	....
campo:	....
concitata:	....
concretezza:	....
inserita:	....
introduce:	....
non... tanto:	....
protagonista:	....
sapere:	....
variegata:	....

12

IL NEOCLASSICISMO (1700-1830)
Nasce come rifiuto delle stranezze del Barocco e accettazione delle idee razionali dell'Illuminismo. Per la prima volta, gli artisti scelgono liberamente che cosa vogliono rappresentare. Così scompaiono i soggetti religiosi e compaiono quelli borghesi. Lo stile è "fotografico": lineare e pulito, con colori freddi e semplici.

IL ROMANTICISMO (1830-1860)
In Italia coincide con il Risorgimento (1820-1860), cioè le guerre fatte per liberarsi dal dominio degli stati stranieri. Per questo, il Romanticismo italiano non è orrido, tormentato o spirituale, ma energico e legato al sentimento patriottico. In pittura, si afferma il genere del paesaggio.

Francesco Hayez (1791-1882)
Il suo stile è neoclassico, ma i suoi soggetti

sono così romantici da essere considerati il "manifesto" del Romanticismo italiano, fatto di battaglie e personaggi storici.

I MACCHIAIOLI (1850 circa)
Movimento italiano, nato a Firenze tra i giovani artisti che rifiutano i temi mitici e storici, per dipingere la realtà italiana, le

battaglie per l'Indipendenza e la società. Il nome deriva dalla tecnica di dipingere "a macchie": secondo loro la forma non esiste ma è creata dalla luce e dal colore. Il massimo esponente è Giovanni Fattori.

IL DECADENTISMO (1860-1900)
È un movimento letterario, ma i suoi principi influenzeranno gli artisti del '900. Esasperazione dell'emotività e grande sfiducia nella ragione sono i suoi concetti fondamentali. La realtà è troppo complessa e misteriosa per essere capita. L'unica soluzione è cercare la bellezza e ribellarsi alla società.

Michelangelo Buonarroti (1475-1564)

La vita è bellezza
Con Michelangelo l'arte esprime, per la prima volta e al massimo, il concetto di "bello". Per lui la bellezza è la massima espressione delle capacità umane, la glorificazione* dell'uomo. In lui il senso della bellezza è talmente assoluto da sconvolgere* completamente chi guarda le sue opere.
Michelangelo vive in un mondo che cambia velocemente. Cristoforo Colombo dimostra che la terra non è piatta e scopre l'America. Martin Lutero divide l'unità dei fedeli con la Riforma… In mezzo a tali cambiamenti Michelangelo cerca la bellezza assoluta, una bellezza che, però, è anche dramma, difficoltà di vivere, profonda umanità.

Una vita difficile
Michelangelo ha una vita difficile, piena di contrasti. Fu sempre protetto dalla famiglia de' Medici, anche quando combatté contro di loro nel 1530. L'incontro con il Savonarola – il terribile frate che condanna la ricchezza della Chiesa – fa nascere in lui forti critiche verso la Chiesa e grandi dubbi religiosi. Litiga con i papi e con i politici. Dopo un litigio con Papa Giulio II, il papa per fare pace, gli affida* gli affreschi della Cappella Sistina, dove il *Giudizio Universale*, però, scandalizza tutti per i suoi nudi e l'impostazione* della scena. Negli ultimi venti anni della sua vita Michelangelo si occupa di architettura: finisce di costruire la Biblioteca Laurenziana a Firenze e Piazza del Campidoglio a Roma. E infine il suo capolavoro, la cupola della Basilica di San Pietro.

2 Che stranezza!
Trova 18 parole dell'arte nello schema e leggi una curiosità su Michelangelo.

```
P I C O L O R I E L R O D E
A B A S S O R I L I E V O M
V C R O C I E R A N E D I C
A I C C U P O L A E G A L I
N C O H L A F F R E S C H I
G P I T T O R E I E E U S E
U F I G U R E D I F S T A R
A E U N R I N V E N T O R E
R A S T A A T C O L O N N A
D P R O S P E T T I V A U A
I D M A C C H I A I O L I I
A N E P A E S A G G I O V E
```

Glossario

affida: ....
composizione: ....
glorificazione: ....

impostazione: ....

malandata: ....
molteplice: ....

sconvolgere: ....

La Pietà (1497-1499)
È una delle prime opere di Michelangelo e si trova nella Basilica di San Pietro.
La composizione* ha la forma di una piramide. Le figure della Madonna e del Cristo formano una croce. Le pieghe dell'abito ricordano quelle delle statue di legno dell'Europa del Nord.

Il David (1501)
Fu una vera rivoluzione. Infatti, la rappresentazione classica dell'eroe ebraico fu distrutta per sempre. David è un giovane uomo calmo ma pronto all'azione. Non sembra avere paura, anche se sta per affrontare un pericolo. È sicuro di sé. Secondo molti, è la raffigurazione del vero cittadino del Rinascimento.

IL FUTURISMO (1909-1918)
È un'avanguardia creata dal poeta e scrittore Filippo Tommaso Martinetti nel 1909, che influenza tutta l'arte europea. Si basa sul rifiuto della tradizione e l'amore per la modernità, la velocità, il progresso. Per ritrarre "il dinamismo" gli oggetti vengono scomposti per dare l'idea del movimento veloce.

IL MOVIMENTO METAFISICO (1917-1921)
Il pittore Giorgio De Chirico, ex futurista, crea questa nuova avanguardia. Se nel Futurismo tutto è tutto dinamismo e velocità, nella Metafisica tutto è immobile, misterioso, silenzioso. Questo perché è impossibile conoscere davvero la realtà.

Giorgio De Chirico (1888-1978)
Dipinge una realtà che assomiglia a quella che noi conosciamo, ma è composta da una luce irreale, da colori e oggetti innaturali e da una prospettiva così geometrica da esprimere una profonda solitudine. Famosa la sua serie di "città d'Italia".

Piazza del Campidoglio (1538)
Secondo la leggenda, Papa Paolo III, dopo la visita dell'imperatore Carlo V, decise di sistemare Piazza del Campidoglio. La piazza infatti era molto malandata* e il papa se ne era vergognato. Michelangelo "girò" la piazza verso la Basilica di San Pietro, il nuovo centro politico della città. Per fare questo "chiuse" la piazza con il Palazzo Nuovo, rese più moderno il Palazzo dei Conservatori e fece una grande scalinata. Al centro della piazza c'è la statua romana dell'imperatore Marco Aurelio, evidenziata dalla decorazione geometrica del pavimento.

La cupola di San Pietro (1514)
Inizia l'architettura moderna. Al centro della Basilica di San Pietro, la grande cupola sembra essere parte del cielo: azzurra e solenne, quasi divina. Ma a guardare bene, la cupola è fatta di tanti elementi distinti tra loro. Gli "spicchi" sono divisi tra loro, gli angoli sono messi bene in evidenza. È l'inizio del molteplice*, del contraddittorio, del non finito.

ARTE POVERA (1960-1980)
L'arte deve essere semplice, con materiali primari che raccontano la vita dell'artista e coinvolgono lo spettatore. Il suo scopo è evidenziare il processo creativo, la tecnica, più che il soggetto trattato. Michelangelo Pistoletto, per esempio, scolpisce il polistirolo creando statue classiche.

LA TRANSAVANGUARDIA (1980-Oggi)
Nasce ufficialmente alla Biennale di Venezia nel 1980. Le opere sono fortemente narrative, con immagini fantastiche, spesso riferite agli interessi privati dell'artista. Spazio, tempo e storia sono interpretati attraverso una totale libertà espressiva.

Enzo Cucchi (1949-Oggi)
Famosissime le sue installazioni. Fatte con i materiali più diversi, messe liberamente nello spazio espositivo, sono sempre supporto dell'immagine dipinta, scolpita o disegnata.

3 La Cappella Sistina
Ascolta il brano e scrivi un breve depliant turistico sugli affreschi della Cappella Sistina.

....
....
....
....
....
....
....

12 ■ La Biennale di Venezia

Ti piace l'arte moderna? Allora non puoi perdere la Biennale di Venezia, dove espongono le loro opere tutti i maggiori artisti del mondo.

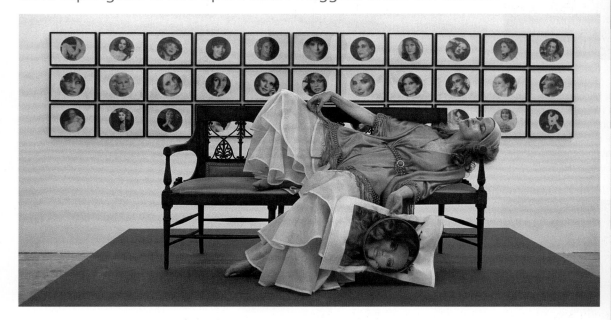

Che cos'è la Biennale?

La Biennale di Venezia – Esposizione Internazionale d'arte – è una delle mostre d'arte più importanti del mondo. Si tiene a Venezia ogni due anni, da giugno a novembre e, in genere, ha circa un milione di visitatori. È nata nel 1895, per dare agli artisti un'occasione periodica di presentare* le proprie opere. Negli anni è molto cambiata, diventando uno dei più importanti eventi artistici del mondo e offrendo un interessante panorama dell'arte mondiale. Ma la Biennale ha anche un altro aspetto importante, contribuendo a recuperare* alcuni luoghi storici di Venezia come l'Arsenale e i Giardini di Castello. Le opere, comunque, sono esposte anche nelle calli* e nei campi* della città.

www **www.la biennale.org**

1 Artista anche tu

Queste sono opere di tre famosi artisti italiani. Leggi e abbina la descrizione all'opera giusta.

Less than ten items
di Maurizio Cattelan

Untitled
di Paola Pivi

Velodream
di Patrick Tuttofuoco

 1 ....

 2 ....

 3 ....

a Le sue opere svelano l'aspetto assurdo della realtà, che l'artista rappresenta in modo eccessivo e giocoso.

b Questo artista deforma la realtà in modo comico. Sorpresa, divertimento e ironia sono i suoi principi artistici.

c È un artista tecnologico. Ama le plastiche colorate e costruisce mezzi di trasporto che sono vere opere d'arte.

Arsenale

I luoghi della Biennale

L'Arsenale si trova vicino a Piazza San Marco ed è il luogo dove, in passato, costruivano le navi. Una bellissima descrizione dell'Arsenale di Venezia si trova nella *Divina Commedia* di Dante Alighieri (*Inferno*, XXI canto). Nel Medio Evo era il più grande arsenale del mondo. Qui lavoravano 5000 persone ed era possibile varare* due navi al giorno e costruire corde e cannoni. Uno dei luoghi più interessanti dell'arsenale di Venezia sono proprio le Corderie, dove venivano costruite le corde. Queste uscivano da fori* e venivano tagliate alla lunghezza desiderata, invece di essere costruite in misure *standard*. I Giardini di Castello sono la sede tradizionale della Biennale. Qui si tenne la prima edizione del 1985. Oggi ci sono 29 padiglioni* dove è possibile esporre* le opere.

Glossario

calli: ....
campi: ....
....
esporre: ....
fori: ....
padiglioni: ....
presentare: ....
recuperare: ....
varare: ....
....

2 L'aggettivo giusto

Usa il vocabolario e trova il significato giusto di questi aggettivi.
Poi scrivi quelli che ti sembrano più adatti sotto ad ogni foto. Puoi anche cercarne degli altri.

Balazs Kicsiny

J. Allora - G. Calzadilla

Joana Vasconcelo

• IRONICO • INQUIETANTE • ESAGERATO • PITTORICO • PLASTICO • ALIENANTE

....
....
....
....

■ La storia del cinema italiano

Il cinema muto

Il cinema italiano nasce nel 1903 e la prima scena filmata è quella di Papa Leone XIII che benedice le macchine* da presa. In Italia si fanno soprattutto film storici, come il film *Cabiria* del 1914, che è anche il primo kolossal della storia. Va di moda anche il dramma* passionale, che crea le prime dive, come Francesca Bertini. La tragica realtà della Prima Guerra Mondiale crea il filone* realistico con film come *Assunta Spina*, ambientato nei quartieri poveri di Napoli. Negli anni '20 arrivano giovani registi, come Mario Camerini, i quali creano piacevoli commedie romantiche. Sono i "telefoni bianchi", cioè film romantici così detti perché ambientati nelle case dei ricchi, dove i "telefoni bianchi" erano il massimo dell'eleganza.

Il Neorealismo

Questa straordinaria corrente cinematografica nasce da una situazione concreta. Alla fine della Seconda Guerra Mondiale, infatti, la povertà di mezzi*, la necessità di girare per le strade, perché negli studi di Cinecittà vivono i profughi*, la presenza di alcuni registi geniali e la voglia di esprimersi liberamente dopo la dittatura fascista sono gli eventi che portano a un nuovo tipo di cinema. Il Neorealismo porta la realtà sullo schermo - ogni regista lo fa a modo suo, in piena libertà - e racconta in modo realistico la guerra, la povertà, i problemi sociali, raccontati in capolavori come *Ladri di biciclette* (1948) o *Sciuscià* (1946).

La Commedia all'italiana

La commedia ha sempre avuto un'importanza particolare nel cinema italiano. Gli anni '60, però, sono gli anni d'oro: nasce infatti la Commedia all'italiana, il cui primo film è *I soliti ignoti* di Mario Monicelli del 1958. Il nome di Commedia all'italiana nasce in senso spregiativo* dal film *Divorzio all'italiana* (1961) di Pietro Germi, dove in Sicilia un uomo uccide la moglie per poter sposare la bella e giovane cugina, da cui poi verrà tradito. I tratti più caratteristici di questi film, infatti, sono l'ironia, il paradosso e la denuncia dell'ipocrisia*.

I maestri

Contemporaneamente, escono i primi film di due giovani registi: Michelangelo Antonioni e Federico Fellini. Entrambi, anche se in modo diverso, raccontano le emozioni, i drammi e la solitudine umana. Antonioni ha uno stile sobrio*, con immagini perfette, belle come quadri. Fellini filma dei sogni, delle visioni, delle favole. Comunque, dopo film come *La strada* di Fellini (1954) o *Le amiche* di Antonioni (1955), il cinema mondiale non sarà più lo stesso. Si fanno film anche su fatti di cronaca, come *Io la conoscevo bene* di Pietrangeli (tragica storia di una ragazza qualunque che cerca fortuna nella ricca Roma) o politici come *La battaglia di Algeri* (1966) di Gillo Pontecorvo.

 www.italica.rai.it/cinema
Offre una chiara e sintetica
storia del cinema italiano

 www.sceneggiatori.com
Per imparare a fare cinema

Il cinema d'autore

Il boom economico degli anni '60 e i movimenti sociali degli anni '70 danno ai registi molti suggerimenti.
Ci sono film di denuncia sociale, di registi come Elio Petri con *Indagine su un cittadino al di sopra di ogni sospetto* (1970) o Damiano Damiani con *Il giorno della civetta* (1967), da un romanzo di Leonardo Sciascia. Ma c'è anche Luchino Visconti, che racconta in modo elegante e nostalgico mondi scomparsi, come la società aristocratica, in film come *La caduta degli dei* (1969) e *Il Gattopardo (1963)*.

1 Tutto è relativo

Sostituisci nelle seguenti frasi il relativo "che" con i relativi "il quale", "la quale", "i quali".

1 La prima scena è quella di Papa Leone XIII che benedice le macchine da presa.

....

2 Va di moda anche il dramma passionale, che crea le prime dive.

....

3 La Prima Guerra Mondiale e la vita che si fa dura, creano il filone realistico.

....

4 Gli eventi che portano alla nascita del Neorealismo, sono eventi concreti.

....

5 È la tragica storia di una ragazza che cerca fortuna nella ricca Roma.

....

6 C'è anche Luchino Visconti, che è un elegante narratore di mondi scomparsi.

....

Glossario

dramma passionale: ....
filone: ....
ipocrisia: ....
macchine da presa: ....
....
mezzi: ....
profughi: ....
....
sobrio: ....
spregiativo: ....

2 Alberto Sordi

È stato uno dei più grandi attori italiani. I suoi film vengono studiati nelle scuole di cinema di tutto il mondo. Ascolta un brano di un'intervista a Sordi e segna le affermazioni che senti.

☐ Ha seguito scuole di recitazione
☐ Ha iniziato la carriera come attore di teatro
☐ Somigliava alla gente comune
☐ Ha lavorato per 40 anni
☐ Ha interpretato 188 film
☐ Ha proposto al pubblico il costume italiano
☐ Ha seguito l'evoluzione della società italiana

13

■ Capolavori del cinema

Ecco alcuni amici che, durante un corso di italiano, hanno visto quattro bellissimi film del nostro cinema. Conosciamo le loro opinioni.

Roma città aperta (1945)
di Roberto Rossellini

Il film è veramente drammatico. Si ispira ad una storia vera, quella del sacerdote don Luigi Morosini, torturato e ucciso dai nazisti perché aiutava la Resistenza*. È ambientato a Roma nel '43, quando la città era sotto l'occupazione* nazista. Ci sono molte scene terribili nel film, che racconta la violenza della guerra. Quello che mi ha colpito però è la "semplicità" delle scene.

Non ci sono primi* piani drammatici o scene con effetti speciali. Il regista vede e racconta. Nelle scene più importanti la macchina da presa è lontana dai protagonisti: noi vediamo la scena come se passassimo per caso. E poi non ci sono protagonisti: tutti i personaggi hanno la stessa importanza. Il film ebbe molti premi, come la Palma d'Oro a Cannes, e una nomination all'Oscar. In Italia, però, non venne apprezzato perché raccontava storie che gli italiani avevano appena vissuto e nessuno aveva più voglia di vedere.

Aleksanteri, Finlandia

I soliti ignoti (1958)
di Mario Monicelli

Che risate! È l'esatto contrario dei film americani di oggi! C'è una banda di poveracci* che vuole rapinare un banco* dei pegni. Nessuno di loro, però, sa fare niente e così cercano l'aiuto di un esperto. Studiano un piano "perfetto", ma… sbagliano strada! Così, quando fanno il buco nel muro per entrare nel monte dei pegni, si trovano nella cucina di una casa e rubano solo un piatto di pasta e ceci. Le situazioni sono comiche, ma non per farci ridere: sono comiche perché la vita è assurda. Quello che fa ridere noi, per i protagonisti è un dramma, una sconfitta. Come quando uno di loro, che è balbuziente*, deve contare il tempo e 10 secondi diventano un minuto. Si potrebbe fare un film intero su ognuno dei personaggi!

Agnieszka, Polonia

1 Abbina ogni attore al film giusto.

1 ………
Anna Magnani

2 ………
Marcello Mastroianni

3 ………
Aldo Fabrizi

4 ………
Vittorio Gassman

5 ………
Ciccio Ingrassia

6 ………
Totò

a I SOLITI IGNOTI   **b** AMARCORD   **c** ROMA, CITTÀ APERTA

Il Vangelo secondo Matteo (1964)
di Pier Paolo Pasolini

Il film segue molto fedelmente il testo del Vangelo secondo Matteo e racconta la vita di Gesù. È un Gesù molto umano, dolce ma anche forte, che si arrabbia contro l'ipocrisia e la falsità. Quello che mi ha affascinato è che Pasolini trasforma le parole in immagini.
In pratica, ci fa vedere quello che immaginiamo leggendo il testo. Come fa spesso,

Pasolini non usa attori professionisti. Per esempio, Enrique Irazoqui, l'attore che fa Gesù, si trovava per caso sul set.
C'è anche una famosa scrittrice italiana, Natalia Ginzburg, che interpreta Maria di Betania. Anche la musica è bellissima: Bach e Mozart.
Korneel, Olanda

Amarcord (1973)
di Federico Fellini

Questo film è un sogno meraviglioso. È la storia della giovinezza del regista a Rimini, negli anni '30.
In realtà Titta, il protagonista, era un suo compagno al liceo classico.
Un caleidoscopio* di personaggi, scene fiabesche, poesia… Come quando appare un pavone in mezzo alla neve o un transatlantico enorme e

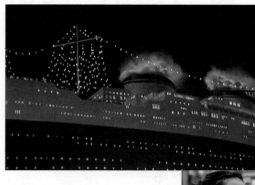

illuminato o un vecchietto si perde nella nebbia. Ma è anche un film pieno di sberleffi*, non sempre educati o simpatici, perché Fellini non voleva fare un film nostalgico. Molto interessante è la rappresentazione del fascismo: ridicolo, volgare, aggressivo.
Aulampia, Grecia

www www.anica.it
Il sito della più importante associazione cinematografica italiana.

Glossario

balbuziente: ....
banco dei pegni: ....
....
caleidoscopio: ....
....
occupazione: ....
poveracci: ....
primi piani: ....
resistenza: ....
sberleffi: ....

2 Una frase di Fellini
Usa il codice e scoprila.

❂ = A	✦ = D	✳ = G	■ = L	♣ = O	✢ = T
★ = B	● = E	✚ = H	✹ = M	○ = P	▼ = U
♥ = C	▲ = F	▢ = I	✌ = N	☆ = R	◇ = V

■ Nuovi registi italiani

Il cinema italiano vive un momento molto buono. Film come *La vita è bella* di Roberto Benigni o *La stanza del figlio* di Nanni Moretti sono stati apprezzati in tutto il mondo. Conosciamo insieme alcuni dei registi italiani più conosciuti.

Nanni Moretti

Noto per le sue ossessioni (le scarpe, il gelato, la Sacher Torte...) ha uno stile molto personale: fa una commedia all'italiana fredda, astratta, quasi anemica*. Tra i suoi film, *Bianca* (1984) una commedia grottesca, dove tutto è terribile e "gentile" al tempo stesso. Il film *La messa è finita* (1985), che vinse un premio speciale al Festival di Berlino, è sicuramente più esplicito degli altri, con un prete rivoluzionario che condanna ogni ipocrisia. Fortemente autobiografico, sulla sua malattia e la sua vita, il film *Caro Diario* (1994). Certamente personali anche *Aprile* (1998), con cui celebra la nascita del figlio Pietro, e *La stanza del figlio* (2001), con cui vince la Palma d'oro a Cannes, dove, al contrario, "esorcizza" la paura della morte del figlio.

Gabriele Salvatores

Nato a Napoli nel 1950, in genere ha come tema dei suoi film "il viaggio come ricerca di se stessi". Comincia a svilupparlo nei film *Marrakech Express* (1988) e *Turné* (1989). *Mediterraneo* (1991) vince il Nastro d'argento per la regia e il Premio Oscar. Seguono *Puerto Escondido* e *Sud*, sulla stessa linea. Dopo alcuni film non particolarmente riusciti*, *Io non ho paura* (2003), tratto da un romanzo di Niccolò Ammanniti, ha un successo straordinario.

Gabriele Muccino

È un giovane regista che racconta storie autobiografiche con lo stile della "commedia amara*". Nei suoi film ci sono i problemi tipici degli adolescenti (*Come te nessuno mai*, 1999), dei trentenni (*L'ultimo bacio*, 2001), delle famiglie di oggi (*Ricordati di me*, 2002). Muccino ci racconta la fragilità e le debolezze delle varie generazioni. In *Ricordati di me*, per esempio, racconta la storia di una famiglia che si distrugge a causa del desiderio di successo.

L'attore americano Will Smith lo ha voluto per il film *La ricerca della felicità* (2006).

Roberto Benigni

Regista e attore, è conosciuto in tutto il mondo grazie al film *La vita è bella*, che vinse il premio Oscar nel 1998: un film sull'olocausto* dove convivono* comicità, poesia e tragedia. Un film sicuramente molto apprezzato dal popolo ebraico. A Gerusalemme, nel Giardino dei Giusti*, hanno piantato due alberi: uno per il film e uno per Benigni. I film seguenti come *Pinocchio (2003)* e *La tigre e la neve (2006)*, purtroppo, non sono riusciti altrettanto bene.

1 Andiamo al cinema

Abbina ad ogni film la trama giusta.

1 ....

2 ....

3 ....

4 ....

Io non ho paura

5 ....

L'ultimo bacio

6 ....

a. Otto storie sulla paura di crescere, di diventare adulti.
b. Durante la Seconda Guerra mondiale, un gruppo di soldati viene abbandonato su una piccola isola. Ne nasceranno rapporti molto conflittuali.
c. Un professore di matematica, maniaco delle scarpe, insegna in una scuola dove gli alunni sanno già tutto. Tormentato dalle tristi storie d'amore dei suoi amici, diventerà un assassino.
d. Uno psicologo non riesce ad affrontare l'improvvisa morte del figlio. Ci riuscirà grazie ad un'amica del figlio.
e. Un poeta si innamora di una donna che parte per l'Iraq in guerra. La seguirà per difenderla.
f. Il piccolo Michele scopre un bambino rapito. I due diventeranno amici e Michele riuscirà a far liberare il bimbo rapito.

2 CILS
Espressione scritta

Scrivi il soggetto di un film. Un soggetto contiene tutta la storia del film in poche righe.

....
....
....
....

www **www.daviddidonatello.it**

Il sito della più importante associazione cinematografica italiana.

I premi del cinema italiano

Il Nastro d'Argento è assegnato annualmente dal 1947 dal Sindacato Nazionale dei Giornalisti Cinematografici Italiani. Il David di Donatello è assegnato invece dall'Accademia del Cinema Italiano.

Glossario

amara: ....
anemica: ....
convivono: ....
Giardino dei Giusti: ....
olocausto: ....
riusciti: ....

■ Cantare, oh oh...!

La storia della musica italiana... in 6 canzoni.

1880
La canzone napoletana

Si chiama così perché nasce a Napoli ed è cantata in dialetto* napoletano. È una "canzone d'autore", cioè scritta da veri autori di testi. Parla d'amore, di lavoro, della vita della gente. Diventa famosa in tutto il mondo perché i cantanti lirici la cantano durante i loro spettacoli. *Marechiare*, di Salvatore Di Giacomo divenne così famosa da essere tradotta in molte lingue.

 www.radio.rai.it/canzonenapoletana

1 *Funiculì funiculà*

È una delle canzoni napoletane più famose. Usa uno specchio e leggi come è nata.

Nel 1880 fu inaugurata la funicolare sul Vesuvio. La gente, però, aveva paura di questo mezzo di trasporto, così un giornalista e un musicista scrissero la canzone per incoraggiarla.

Le canzoni del lavoro

Sono canzoni, spesso in dialetto, che raccontano il duro lavoro della povera gente. Nascono alla fine dell'Ottocento nell'Italia del Nord, quando cominciano le prime lotte* dei lavoratori. *Gli scariolanti* è una canzone dell'Emilia Romagna dedicata ad alcuni dei lavoratori più poveri. Gli scariolanti scavavano e portavano via la terra per bonificare* le zone paludose della Pianura Padana.

Gli scariolanti
Volta, rivolta
E torna a rivoltar;
noi siam gli scariolanti lerì lerà
che vanno a lavorar.

1958
Nel blu dipinto di blu

Nel 1958 Domenico Modugno vince il Festival di Sanremo con questa canzone, conosciuta in tutto il mondo come *Volare*. È una canzone così nuova da fare scandalo. Infatti, ha un testo surreale, che racconta un sogno. Anche il modo di cantarla era così nuovo da scandalizzare il pubblico. Modugno, infatti, la cantò a braccia spalancate*.

Volare... oh, oh!
Cantare... oh, oh, oh, oh!
Nel blu, dipinto di blu,
felice di stare lassù!
E volavo, volavo felice
Più in alto del sole ed ancora più su,
mentre il mondo pian piano spariva
lontano laggiù...

1968
Canzone di Marinella

È di Fabrizio De André, il più grande dei cantautori italiani. Alla fine degli anni '60 alcuni musicisti di Genova cominciarono a scrivere musica e testi delle canzoni che cantavano, cosa mai successa prima, e presero il nome di "cantautori". De André è stato sicuramente il più bravo, tanto da essere considerato un poeta. Le sue canzoni parlano d'amore ma denunciano* anche la guerra, l'ipocrisia e la malvagità*.

Marinella

Questa di Marinella è la storia vera
che scivolò nel fiume a primavera
ma il vento che la vide così bella
dal fiume la portò sopra una stella

 www.fondazionedeandre.it

1972
Io vorrei... non vorrei... ma se vuoi...

Il cantante Lucio Battisti e il paroliere* Mogol furono i protagonisti* degli anni '70, raccontando amori "moderni", dolorosi, fatti di abbandoni, di ripensamenti, di solitudine. Dopo Battisti la canzone d'amore, tanto importante in Italia da diventarne quasi un simbolo, non fu più la stessa.

Dove vai quando poi resti sola
il ricordo come sai non consola.
Quando lei se ne andò per esempio
Trasformai la mia casa in tempio.
E da allora solo oggi non farnetico più
a guarirmi chi fu
ho paura a dirti che sei stata tu.

 www.luciobattisti.info

1983
Vita spericolata

Vasco Rossi è il primo vero cantante rock italiano. Una carriera nata con questa canzone e talmente legata* alla vita della gente da durare ancora oggi. Le canzoni di Vasco, da quelle più rock a quelle più melodiche, hanno aperto la strada alla libera espressione dei sentimenti, alla capacità di ammettere i propri sbagli, il tutto con uno stile molto aggressivo e sincero.

Voglio una vita spericolata
voglio una vita come quelle dei film
voglio una vita esagerata
voglio una vita come Steve Mc Queen
voglio una vita che non è mai tardi
di quelle che non dormi mai
voglio una vita, la voglio piena di guai!

Glossario

bonificare: ....
denunciano: ....
dialetto: ....
legata: ....
lotte: ....
....
malvagità: ....
paroliere: ....
protagonisti: ....
spalancate: ....

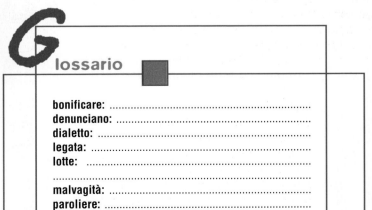

■ I luoghi della musica

Voglia di musica? L'Italia è così ricca di teatri e luoghi dove andare... non c'è che l'imbarazzo della scelta! Ecco cosa abbiamo scelto per voi.

Il Teatro della Scala di Milano

La Scala appartiene alla storia della lirica italiana. Tutti i maggiori compositori* dell'Ottocento presentarono qui le loro opere più famose, dalla *Norma* di Vincenzo Bellini, all'*Otello* di Giuseppe Verdi, alla *Turandot* di Giacomo Puccini. Costruita dopo che un incendio aveva distrutto il Teatro Regio Ducale nel 1776, la Scala è stata recentemente ristrutturata* dall'architetto Mario Botta. Botta ha aggiunto sul tetto del teatro una costruzione che contiene uffici, sale prova e camerini, e una grande torre* scenica. Una ristrutturazione tanto particolare da suscitare molte discussioni. I milanesi, infatti, chiamano la costruzione sul tetto "il garage", tanto è brutta, secondo loro.

 www.teatroallascala.org

L'Auditorium di Roma

Ideata dall'architetto Renzo piano, è così grande e ben progettata da essere una "città della musica". Ci sono negozi, bar, biblioteche e anche l'Accademia di Santa Cecilia, uno dei conservatori* più prestigiosi del mondo. Ha tre grandi sale a forma di scarabeo, un anfiteatro all'aperto, un grande parco, sale prova e sale registrazione. La sala più grande può ospitare* 27.000 spettatori ed è per la musica classica. Quella media ospita 12.000 persone ed è per il balletto e la musica da camera. Ha il palcoscenico mobile e il soffitto regolabile*. La sala piccola ha 500 posti con pavimento e soffitto regolabili.

 www.musicaperroma.it

1 Tutti all'opera

Abbina ad ogni compositore italiano l'opera lirica giusta.

1 .... Pietro Mascagni (1863-1945)

2 .... Giuseppe Verdi (1813-1901)

3 .... Giacomo Puccini (1858-1924)

4 .... Vincenzo Bellini (1801-1835)

a La Norma
Tragica storia d'amore tra Norma, sacerdotessa dei druidi, e il romano Pollione.

b Madama Butterfly
L'impossibile amore tra un marinaio americano e una donna giapponese.

c Cavalleria rusticana
Tratta da una novella di Giuseppe Verga. Storia di gelosia in Sicilia.

d Aida
Radames è combattuto tra l'amore per Aida, nemica, e la fedeltà al Faraone.

Il Teatro San Carlo di Napoli

È il più antico teatro d'Europa. Fu voluto da re Carlo di Borbone nel 1773 e progettato da Giovanni Antonio Medrano. Medrano progettò una sala con 184 palchi ed un grande palco reale, che poteva contenere 10 persone. Una costruzione velocissima, tanto che solo otto mesi dopo il teatro era pronto. Al San Carlo si rappresentano opere liriche ma anche l'opera* buffa napoletana e balletti.

www.teatrosancarlo.it

L'Arena di Verona

Si tratta di un antico anfiteatro romano del I secolo d.C. Il nome deriva dalla sabbia che copriva l'interno della platea, dove si svolgevano giochi e combattimenti. Oggi ha il più grande palcoscenico del mondo: 47 metri per 28. Ospita una prestigiosissima stagione lirica e, a fine agosto, la serata finale di una delle trasmissioni di musica pop più seguite in Italia: il Festivalbar. L'Arena diventò ufficialmente un teatro lirico nel 1913 quando, per festeggiare il centenario della nascita di Giuseppe Verdi, fu rappresentata l'Aida.

www.arena.it

Il melodramma italiano

È sinonimo di "opera lirica". Nasce a Firenze alla fine del XVI secolo, da un gruppo di letterati che cercavano di riprodurre la tragedia greca, cioè uno spettacolo che unisse parole, musica e una storia da guardare. L'epoca d'oro del melodramma è sicuramente l'Ottocento, con compositori come Verdi o Puccini, quando il melodramma diventa uno spettacolo amato da ricchi e poveri. E con il melodramma nascono anche i primi divi*.

Glossario

compositori: ....
conservatori: ....

divi: ....

opera buffa: ....

ospitare: ....
regolabile: ....
....

ristrutturata: ....

torre scenica: ....
....

2 Curiosità... Verdi

A numero uguale, corrisponde lettera uguale.
Completa lo schema e leggi una curiosità su Giuseppe Verdi.

1 V	2 E	3 R	4 D	5 I			6 S	7 C	3 R	5 I	6 S	6 S	2 E
8 L'	9 A	5 I	4 D	9 A					10	2	3		
7	2	8	2	11	3	9	3	2		8	9		
9	10	2	3	12	13	3	9			4	2	8	
7	9	14	9	8	2		4	5		6	13	2	15

14 ■ Italiani superstar

Volete conoscere delle vere star? Allora vi presentiamo Andrea Bocelli e Eros Ramazzotti. Il primo è una star della musica lirica, il secondo della musica* leggera.

Andrea Bocelli

50 milioni di dischi venduti nel mondo, tutti i premi possibili e immaginabili vinti: questa, in due parole, la carriera di questo straordinario cantante lirico, toscano fino al midollo e amante dei cavalli. Ha iniziato la carriera nel 1994, al Festival di Sanremo con la canzone *Il mare calmo della sera*. L'anno seguente, sempre a Sanremo, canta *Con te partirò* che, in seguito, diventa un successo mondiale, nella versione inglese *Time to Say Goodbye* con Sarah Brightman.

Canta* che ti passa

La sua passione per la musica è nata quando era ancora molto piccolo. Dice Andrea: "Mia madre mi racconta che la musica mi piaceva così tanto che smettevo subito di piangere. Genitori e parenti, allora, fecero a gara a regalarmi dischi! Si* accorsero che mi piaceva soprattutto la musica lirica, perché questi vocioni* colpivano la mia fantasia". E aggiunge: "Ho sempre mantenuto questa passione. Io sono un passionale e questo mi porta ad impegnarmi* sempre al massimo. Perché ciascuno di noi deve mettercela tutta per arrivare primo. In questa lotta, in un certo senso, c'è qualcosa di morale. Quando uno lotta così, impara a conoscere il meglio di sé e questo arricchisce ciascuno di quelli che gli stanno intorno".

Alcuni dei suoi successi

Con te partirò	(1997)
Romanza	(1997)
Vivo per lei	(1997)
Miserere	(1999)
The prayer	(2001)
Dell'amore non si sa	(2004)

Con te partirò

Con te partirò
Paesi che non ho mai
veduto e vissuto con te
adesso sì li vivrò
con te partirò
su navi per mari
che io lo so
no, no non esistono più
con te io li rivivrò

Glossario

canta che ti passa: ....

consacra: ....
duetto: ....

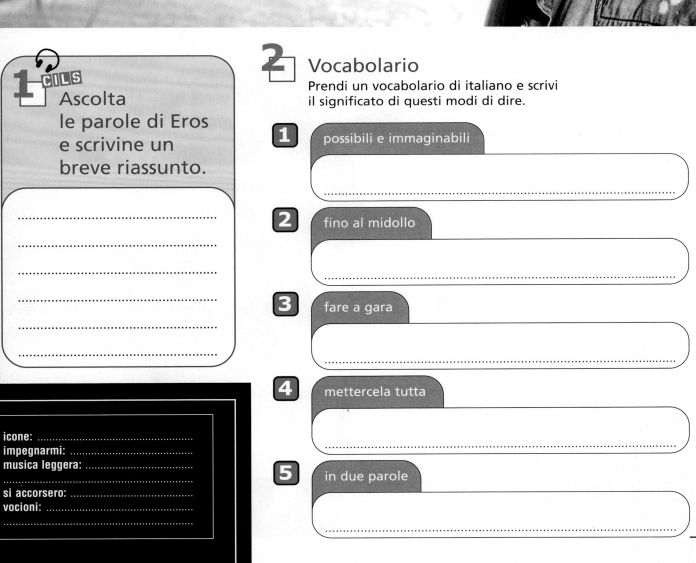

Eros Ramazzotti

Più di 20 anni di carriera e 35 milioni di dischi venduti nel mondo, ne hanno fatto una delle più grandi star italiane. Nato a Roma il 28 ottobre 1963, ha conquistato il successo con la canzone *Terra promessa*, con la quale vinse il Festival di Sanremo nel 1984. Seguirono *Una storia importante* e *Adesso tu*, presentate sempre al Festival, con un successo così grande da diventare delle icone* giovanili. Nel 1987 ha il suo primo duetto* importante, quello con Patsy Kensit nella canzone *La luce buona delle stelle*. Nel 1990 esce l'album *In ogni senso* che lo consacra* star mondiale e il suo concerto al Radio City Music Hall di New York fa il tutto esaurito. Da allora la sua carriera non si è mai fermata.

Alcuni dei suoi album

Cuori agitati	(1985)
In certi momenti	(1897)
Musica è	(1988)
In ogni senso	(1990)
Eros	(1997)
Stilelibero	(2000)
9	(2003)

Dossier 14

1 CILS
Ascolta le parole di Eros e scrivine un breve riassunto.

....
....
....
....
....
....

icone: ....
impegnarmi: ....
musica leggera: ....
si accorsero: ....
vocioni: ....

2 Vocabolario
Prendi un vocabolario di italiano e scrivi il significato di questi modi di dire.

1 possibili e immaginabili

....

2 fino al midollo

....

3 fare a gara

....

4 mettercela tutta

....

5 in due parole

....

■ Eventi musicali

Preferisci la musica classica, quella leggera, il jazz... scegli l'evento musicale che preferisci: ce ne sono per tutti i gusti!

Umbriajazz

A luglio, per 10 giorni, le piazze, le strade, i giardini e i locali* pubblici di Perugia, in Umbria, diventano altrettanti palcoscenici. I più grandi musicisti jazz del mondo si* impadroniscono della città e ci sono decine* di concerti dalla mattina alla sera. Nato nel 1973, Umbriajazz era all'inizio una manifestazione itinerante*: voleva portare la musica tra la gente comune, organizzando concerti in varie città dell'Umbria. Poi si decise di trasferire tutto a Perugia, più adatta ad accogliere grandi quantità di pubblico. Oggi Umbriajazz è una delle più importanti manifestazioni musicali del mondo.

Festivalbar

È una gara di canzoni che viaggia su e giù per le piazze italiane durante l'estate e, a settembre, si conclude all'Arena di Verona. Festivalbar è nato nel 1964 dal... juke-box. Visto il successo del juke-box, che portava la musica dappertutto, dai bar alle spiagge, si pensò di fare la stessa cosa con i cantanti. L'idea ebbe un successo immediato, che dura ancora oggi. In 40 anni il Festival ha ospitato 1300 cantanti e, per ogni edizione, ha avuto 4 milioni di spettatori in piazza. È talmente importante per il mercato musicale, che anche le star straniere vogliono farne parte: tra queste Robbie Williams, 50 Cent o Skin.

Il Festival di Sanremo

È il festival "storico" della musica* leggera italiana e ha lanciato i più famosi cantanti italiani: da Domenico Modugno a Zucchero, da Laura Pausini a Eros Ramazzotti e Bocelli. Si tratta di una gara di canzoni che si tiene nei primi giorni di marzo. Nato nel 1951, dura una settimana e, anche se il suo successo è forse un po' diminuito negli anni, è seguito da almeno 10 milioni di spettatori.

1 Il gruppo

Questo è l'ultimo gruppo musicale che deve il suo successo al Festival di Sanremo, dove ha cantato *Svegliarsi la mattina*. Completa lo schema e leggi il suo nome.

1 La musica… di Perugia.
2 La parola italiana per dire "pop".
3 La musica del melodramma.
4 Sinonimo di "simbolo, modello".
5 C'è anche quello musicale.
6 Quello del Festivalbar è stato immediato.
7 Quando un teatro è pieno, è tutto…
8 Il mese del Festival di Sanremo.
9 Sinonimo di "far conoscere".
10 Sinonimo di "essere molto interessati".
11 Due cantanti che cantano insieme.
12 La "traduzione" di una canzone in un'altra lingua.

Glossario

decine di: ....
itinerante: ....
....
....
locali pubblici: ....
....
musica leggera: ....
....
si impadroniscono: ....
....
....

2 Le consecutive

Completa le frasi nel modo giusto.

1 .... Il Festival di Sanremo ha ancora tanto successo…

2 .... Umbriajazz ebbe così tanto successo…

3 .... Il Festivalbar è così importante…

4 .... Il Festival di Sanremo dura talmente tanto…

a … che anche le star straniere vogliono farne parte.

b … che molti si stancano di guardarlo per una settimana intera!

c … da essere seguito da 10 milioni di spettatori.

d … che solo Perugia poteva accogliere tanti spettatori.

Il mondo del lavoro

■ Grandi aziende

La FIAT

La FIAT (Fabbrica Italiana Automobili Torino), una delle case* automobilistiche più famose del mondo, è nata a Torino nel 1899 e la prima automobile fu creata nel 1900: era una due/tre posti che non aveva la retromarcia*! Con Gianni Agnelli, nominato Presidente dell'azienda nel 1966, la FIAT diventa una multinazionale. Vengono creati molti modelli famosi, come la Topolino, la 500, la Punto, la Ducato. La FIAT è presente in 61 nazioni con oltre 1000 aziende.

www www.fiat.it

La BENETTON

È una famosissima azienda di abbigliamento "giovane", nata in provincia di Treviso nel 1965. È presente in 120 Paesi del mondo con circa 5.000 negozi. La collezione Benetton include* la linea per bambini, quella uomo/donna, e quella *premaman*. I capi* di abbigliamento vengono creati da uno *staff* di 300 designer provenienti da tutto il mondo. Nel 1991 è nata la rivista *Colors*, venduta in circa trenta Paesi e scritta in quattro lingue diverse.

www www.benetton.it

La BARILLA

Il gruppo Barilla è un'azienda alimentare fondata a Parma nel 1877. La Barilla produce diversi tipi di pasta, primi* piatti pronti, prodotti* da forno e sughi pronti per condire la pasta. È rimasto famoso il primo slogan pubblicitario dell'azienda: "Con pasta Barilla è sempre domenica". Dagli stabilimenti Barilla escono ogni anno 1.400.000 tonnellate di prodotti alimentari, consumati in Italia e nel mondo.

www www.barilla.it

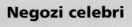
Negozi celebri

Tod's

Tod's è un marchio* famosissimo che produce scarpe e borse. Toyo Ito, il noto architetto giapponese, è l'ideatore del negozio Tod's di Tokyo. L'edificio, in vetro e cemento, è alto 27 metri ed ha, sulla facciata, la *silhouette* di un albero. Non un albero reale, però, ma il suo riflesso inserito al computer.

Prada

Si trova a Rodeo Road, Beverly Hills, l'ultimo negozio Prada. È opera degli architetti Rem Koolhaas e Ole Scheerened e occupa circa 25.000 mq, 13.000 dei quali dedicati alla vendita. In questo negozio sono vendute le ultime collezioni uomo e donna di abbigliamento, borse, calzature, accessori e prodotti di bellezza.

Emporio Armani

L'Emporio Armani di Hong Kong è stato progettato dagli architetti Massimiliano e Doriana Fuksas. È un ambiente dove lo spazio assume un aspetto tutto nuovo. L'Emporio ha grandi spazi luminosi, pareti di vetro illuminate. Il pavimento riflette gli abiti, raddoppia le dimensioni e crea incredibili riflessi.

Glossario

capi di abbigliamento: ....
....
case: ....
include: ....
marchio: ....
primi piatti pronti: ....
....
prodotti da forno: ....
....
retromarcia: ....
....

1 Ecco altre famose aziende italiane
Abbina il loro nome al prodotto giusto.

1	Aprilia		a	Gioielli
2	Bulgari		b	Caffè
3	Gucci		c	Abbigliamento
4	Ferrari		d	Automobili di lusso
5	Lavazza		e	Elettrodomestici
6	Ariston		f	Moto

2 🎧 Vero o Falso?
Ascolta il brano e poi rispondi.

1 Nel 2006 il Gruppo Benetton ha festeggiato i suoi primi 30 anni di attività.   VERO ⬤   FALSO ⬤

2 Il Gruppo ha festeggiato la ricorrenza con una sfilata di moda.   VERO ⬤   FALSO ⬤

3 L'evento si è tenuto al Colosseo, a Roma.   VERO ⬤   FALSO ⬤

4 L'apertura del primo negozio all'estero è stata nel boulevard St. Germain di Parigi nel 1969.   VERO ⬤   FALSO ⬤

Grandi scuole

Avete mai pensato al vostro futuro lavoro? Ecco le esperienze di tre studenti italiani che frequentano scuole prestigiose e molto particolari…

Accademia d'Arte Drammatica Silvio D'Amico

"Mi chiamo Chen e frequento, da un anno, l'Accademia d'arte drammatica Silvio D'Amico di Roma. Ho scelto questa scuola perché adoro recitare e vorrei diventare un attore di teatro. L'indirizzo* che seguo è quello in "recitazione". Le mie materie preferite sono *Interpretazione*, *Mimo e maschera* e *Recitazione in versi*. Ogni anno, insieme ad alcuni attori e registi professionisti noi studenti prepariamo alcuni spettacoli e li presentiamo al pubblico. È molto impegnativo, ma anche molto emozionante."

 www.silviodamico.it

Accademia italiana di arte, moda e design

"Io sono Caterina e frequento l'ultimo (cioè il sesto) semestre del corso in *Stilismo di moda* dell'Accademia italiana di arte, moda e design di Firenze. Ho scelto questa scuola perché adoro creare abiti e mi piacerebbe diventare stilista. Qui ho imparato a conoscere i vari stili di abbigliamento (sportivo, elegante, casual, avanguardia), creare il design e creare i modelli. Il momento più esaltante* è preparare le sfilate* di moda."

 www.accademiaitaliana.com

Scuola del vetro Vincenzo Zanetti

Sono Lucia, abito a Venezia e frequento, a Murano, la Scuola del vetro Vincenzo Zanetti. Alla fine della scuola, che dura due anni, vorrei diventare un'artista del vetro. Fino ad oggi, le mie materie preferite sono state "incisione" e "decorazione a smalto". Ho già realizzato qualche oggetto e vorrei aprire un negozio tutto mio."

 www.abatezanetti.it

Glossario

esaltante: ....
indirizzo:..
sfilate:..

 1 Alla Scuola nazionale di cinema di Roma 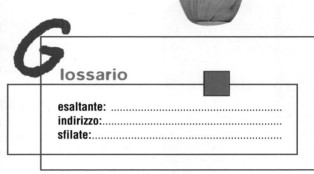 www.snc.it si possono seguire molti corsi

In base alle materie e ai seminari elencati scrivi il nome giusto del corso.

• Animazione • Scenografia • Recitazione • Sceneggiatura • Regia • Fotografia

....	....	....	....	....	....
Stampa di foto	Scrittura di un film	Arredamento degli ambienti	Dizione	Disegno dal vero	Studio dell'inquadratura
Lavoro in camera oscura	Studio dei copioni	Creazione del costume	Movimento scenico	Movimento scenico	Analisi del film
Caratteristiche delle pellicole	Analisi dei personaggi	Trucco	Canto	Montaggio	Montaggio del film
Composizione dell'inquadratura	Adattamento di una storia	Visite a sartorie	Doppiaggio	Sceneggiatura per l'animazione	Direzione di una troupe
Illuminazione e fonti di luce	Analisi della struttura narrativa	Scenografia virtuale	Recitazione	Fondamenti di animazione	Preparazione di un corto o lungometraggio
Linguaggio cinematografico	Storia della televisione	Acconciatura	Mimica e danza	Storia e linguaggio del cinema di animazione	Studio della macchina da presa

2
Espressione orale

Immagina di lavorare per un'azienda. Di che cosa si occupa? Qual è il tuo ruolo?

L'Italia multietnica

■ Vivere insieme, vivere bene

Gli extracomunitari* in Italia
sono circa 2.500.000.
Ecco tre storie di successo.

Kamal
da Marrakech a Milano

Kamal è marocchino, ha 38 anni e
racconta: "Quando sono arrivato a
Milano, nel 1994, ho cominciato a
rendermi utile aiutando i miei
connazionali* che non conoscevano
l'italiano. Nel 2000 ho messo* in
piedi un piccolo ufficio di traduzioni.
Oggi il lavoro va benissimo!
Problemi di razzismo? No, nessuno."

Adriana,
una vita in galleria

Adriana è brasiliana ed è arrivata in
Italia nel 1989. Oggi è la proprietaria
della *Fusion Art*. Ci racconta
Adriana: "Realizzo gioielli con
materiale di riciclo e gestisco
le esposizioni di una* sessantina
di artisti di varie nazionalità.
Il fatturato* non è altissimo,
ma conto* di triplicarlo presto".

Salvadora,
la signora del *catering*

Salvadora viene dal Nigaragua
ed è arrivata in Italia nel 1981,
dopo aver lavorato come cuoca
nelle ambasciate di alcuni Paesi.
Oggi è la titolare di un negozio
di gastronomia etnica. Dice
Salvadora: "Il cibo etnico è
molto di moda e, per questo
motivo, ho tanti clienti.
La gente, però, è strana. Ama
molto il cibo esotico, meno
le persone esotiche".

Glossario

cedolino: ....
connazionali: ....
conto di: ....
extracomunitari: ....

fatturato: ....
messo in piedi: ....
nulla osta: ....

una sessantina: ....

Ecco alcuni interventi tratti dal forum del sito

 www.stranieriin italia.it

Mi potete dire per favore se con il cedolino* di rinnovo del permesso di soggiorno posso andare a casa, per le vacanze, anche in traghetto? Oppure è possibile solo in aereo con viaggio diretto? Grazie.
Posted - 06/23/2006 **Sanaa**

Voglio sposare una ragazza marocchina.
Il consolato marocchino in Italia non le rilascia il nulla* osta. Che devo fare? Qualcuno ha esperienza in materia? Grazie.
Posted - 06/06/2006 **Cicce 731**

Ciao a tutti,
ho visto in diversi uffici pubblici degli stranieri che lavorano, vorrei sapere se ci sono concorsi o altri modi di entrare nella Pubblica Amministrazione per gli immigrati extracomunitari laureati in Italia.
Posted - 04/07/2006 **ND**

Siti utili

 http://www.stranieriinitalia.it
http://pers.mininterno.it/cittad/
www.immigrazione.it
www.iom.int

1 Vai sul sito del Ministero degli Affari Esteri e informati su quali sono i requisiti necessari per i cittadini stranieri che vogliono ottenere borse di studio (*scholarships*) in Italia.

2 Abbina ad ogni parola il significato giusto.

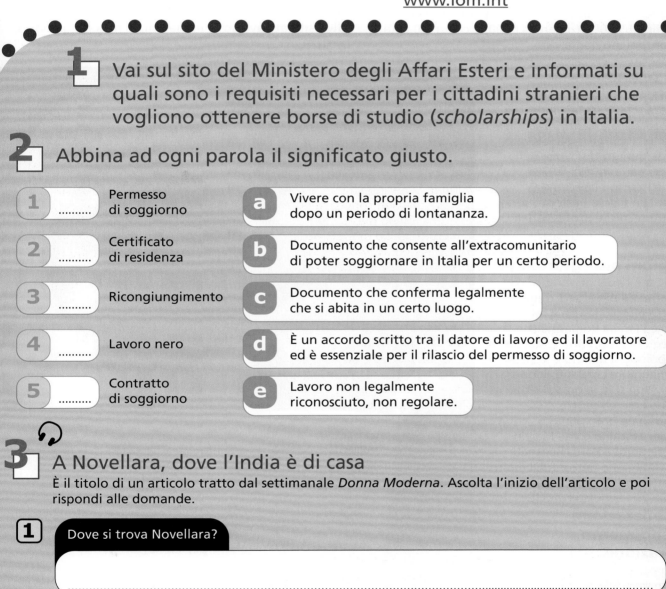

1 .... Permesso di soggiorno

2 .... Certificato di residenza

3 .... Ricongiungimento

4 .... Lavoro nero

5 .... Contratto di soggiorno

a Vivere con la propria famiglia dopo un periodo di lontananza.

b Documento che consente all'extracomunitario di poter soggiornare in Italia per un certo periodo.

c Documento che conferma legalmente che si abita in un certo luogo.

d È un accordo scritto tra il datore di lavoro ed il lavoratore ed è essenziale per il rilascio del permesso di soggiorno.

e Lavoro non legalmente riconosciuto, non regolare.

3 A Novellara, dove l'India è di casa
È il titolo di un articolo tratto dal settimanale *Donna Moderna*. Ascolta l'inizio dell'articolo e poi rispondi alle domande.

1 Dove si trova Novellara?

....

2 Quanti sikh vivono a Novellara?

....

3 Che cosa hanno a Novellara?

....

16

Il mondo a scuola

Gli studenti stranieri iscritti nelle scuole italiane sono circa 500.000. Erano 50.000 dieci anni fa. E la parola d'ordine è "integrazione".

Qualche dato*

Gli studenti stranieri in Italia rappresentano* il 4,2% del totale degli studenti. Sono presenti ben 187 cittadinanze diverse. Questo significa che c'è una grande frammentazione* all'interno della popolazione scolastica, con tante cittadinanze e molteplici appartenenze linguistiche e religiose. Albanesi (60.000), marocchini (55.000), rumeni (41.000) e cinesi (20.000) sono i gruppi più numerosi.

Quali scuole

Il 90,6% degli alunni stranieri frequenta scuole statali, mentre il restante 9,4% è iscritto a scuole non statali. Il numero più elevato* di alunni immigrati si trova nella scuola primaria (40%). Il 17%, invece, è iscritto alle scuole superiori. Le scuole preferite sono gli istituti tecnici e professionali (80%).

Le regioni più* gettonate

Il Nord-Est è l'area geografica con la percentuale più alta di alunni stranieri. La regione con il numero più alto è l'Emilia Romagna con il 9% seguita da Umbria e Marche. Tra i capoluoghi Milano è la città con la maggiore concentrazione (il 12%). Non solo le grandi città, ma anche i piccoli centri, attraggono un gran numero di stranieri: località come Martin Sicuro (Teramo) e Porto Recanati (Macerata) hanno percentuali molto alte di studenti stranieri (20%).

Alfabetizzazione, apprendimento, integrazione

Il primo passo è fornire allo studente un corso di alfabetizzazione. Proprio per questo, molte scuole organizzano corsi di lingua italiana. Alcune scuole propongono una sorta di "accoglienza continua", a partire dalla semplificazione dei testi didattici fino all'assistenza nella compilazione dei documenti burocratici, spesso molto complicati.

Il mediatore culturale

Il mediatore culturale è una persona che conosce perfettamente la lingua e le tradizioni di entrambi i Paesi. La sua funzione cambia in base all'età dello studente. Nella scuola materna, ad esempio, si* gioca molto sulle differenze e sulle somiglianze culturali: si raccontano fiabe, storie e si cerca di far capire la diversità attraverso le immagini, la musica, gli odori, o altro.

Curiosità

- I cinesi e i coreani sono molto bravi nelle materie scientifiche, mentre faticano in quelle umanistiche*.

- Di recente si è notato un considerevole* aumento del numero delle ragazze sui ragazzi.

- Il Camerun ha il maggior numero di studenti iscritti all'Università.

Glossario

considerevole: ....
dato: ....
elevato: ....
frammentazione: ....
più gettonate: ....
rappresentano: ....
si gioca: ....
umanistiche: ....

1 Scrivi i sinonimi di queste parole, che hai letto nel testo.

1 grande
....

2 sono
....

3 molti
....

4 difficili
....

2 Usa il vocabolario e trova almeno un contrario di questi aggettivi.

1 considerevole
....

2 molteplice
....

3 numeroso
....

© Marka

■ Testimonianze

Ecco qualche testimonianza sulla società multiculturale: studenti italiani e stranieri e insegnanti.

Quando è iniziata la scuola, il mio nuovo compagno di banco era Mohamed, un ragazzo tunisino. All'inizio non mi piaceva stare vicino a lui, ma poi siamo diventati amici. Adesso studiamo insieme: lui è bravo in matematica, io lo aiuto a scrivere bene in italiano.
Marco, studente, 11 anni, Cagliari

Da tanti anni insegno italiano alla Scuola Secondaria di Primo Grado. Con l'arrivo di ragazzi stranieri a scuola, il mio lavoro è diventato più impegnativo*: devo parlare più lentamente, spiegare le regole di grammatica, usare parole semplici. Però, anche se il lavoro è più faticoso, il mio entusiasmo è cresciuto* tantissimo.
Anna, insegnante, 50 anni, Milano

Vivo in Italia da 10 anni. Mio padre e mia madre lavorano in fabbrica e non hanno molto tempo per stare con me. A casa parliamo in italiano e in spagnolo, e anche al telefono con i miei parenti parlo spagnolo. Sto bene in Italia, i miei amici sono italiani, ma i miei genitori vorrebbero tornare in Perù.
Maria, studentessa, 15 anni, Roma

È stato veramente difficile. I primi anni in Italia sono stati i più brutti della mia vita. Non* facevo che piangere. Ero sempre solo, non capivo la lingua e i miei compagni non riuscivano a parlare con me. Ora va meglio. Parlo bene l'italiano e ho degli amici.
Aarif, studente, 16 anni, Prato

A scuola lavoriamo duro* per facilitare l'integrazione tra ragazzi italiani e ragazzi stranieri. Per esempio, avere un mediatore culturale per ogni Paese è molto importante: spiega i punti in comune tra la sua cultura e quella italiana e risponde alle domande degli studenti e degli insegnanti.
Lorenzo, dirigente scolastico, 55 anni, Treviso

Glossario

cresciuto: ....
....
duro: ....
impegnativo: ....
non... piangere: ....
....

1 Indovina.

Ecco come si descrivono alcuni ragazzi stranieri. Indovina la loro nazionalità.

1 Mi chiamo Mala e fino a cinque anni fa vivevo a Sandhu Colony. Mia madre è sarta, realizza i *sari*. Il *sari* è il vestito tradizionale delle donne. A seconda delle caste il sari è portato sulla spalla destra o sulla sinistra.
....

2 Io vengo da Rabat. Nella mia città tutti gli abitanti si conoscono e si aiutano. Le case sono sempre aperte a tutti quelli che vogliono incontrarsi con amici e parenti. La scuola si svolge dalle otto di mattina alle sei di sera con due ore d'intervallo.
....

3 Mi chiamo Georgic e la mia città d'origine si chiama Beius, ha circa 15.000 abitanti e si trova vicino al confine con l'Ungheria. Il mio Paese è molto povero e, per questo, molte famiglie si trasferiscono all'estero.
....

2 CILS
Espressione scritta

E tu che cosa pensi della scuola multiculturale? Scrivilo.

....
....
....

■ Gli oggetti "di culto"

Può un oggetto passare* alla storia e diventare immortale? La risposta è sì. In queste pagine ti proponiamo alcuni degli oggetti che hanno rivoluzionato l'Italia in momenti storici diversi.

FIAT 500

È l'utilitaria più famosa ed è il simbolo del boom* economico degli anni '60. Oggi, dopo più di 30 anni dalla fine della sua produzione, è un vero e proprio oggetto di* culto, collezionata dagli appassionati in tutto il mondo. La FIAT 500 è nata nel 1957 ed è stata progettata dall'ingegnere Dante Giocosa. È stata un vero e proprio successo. La FIAT 500 era comoda, originale, consumava poco, andava dappertutto ed aveva un rumore inconfondibile*.

MOKA

Dire Moka equivale a dire "l'arte del caffè italiano". Dall'inizio degli anni '50 ad oggi sono state prodotte più di 200 milioni di caffettiere. La Moka è l'unico prodotto industriale che non è stato modificato da quando è nato, perché praticamente perfetto. La Moka è nata all'inizio degli anni '50 grazie ad un'idea di Alfonso Bialetti. Da allora, è stata un modello imitato in tutto il mondo e ha dato vita a molte marche di caffettiere. Il caffè della Moka, però, è inimitabile. Il suo gusto e il suo profumo sono inconfondibili.

OLIVETTI - LETTERA 22

La lettera 22 è stata la prima macchina da scrivere portatile italiana. Ideata da Massimo Nizzoli per la Olivetti nel 1950, è nata come prodotto per "l'uomo della* strada", cioè pratica, trasportabile, leggera e adatta a tutti. Il suo design è stato così innovativo che è entrato subito nella collezione permanente del Museo d'Arte Moderna di New York, vincendo anche il *Compasso d'Oro*, il premio più prestigioso del design italiano.

1 Scrivi i contrari di questi aggettivi.

1	comodo	....	**6**	leggero	....
2	originale	....	**7**	economico	....
3	bello	....	**8**	buono	....
4	simpatico	....	**9**	inimitabile	....
5	giovane	....	**10**	piccolo	....

VESPA

La Vespa è un mito, simbolo del design e dello stile italiano nel mondo. Da mezzo di trasporto rivoluzionario nel dopoguerra – così piccola, economica, pratica – è diventata il simbolo della "dolce vita" negli anni '60, poi veicolo-culto degli hippy negli anni '70. Andare "in Vespa" era sinonimo di libertà, velocità di spostamento, facilità di rapporti sociali. La Piaggio, dal 1946, ha costruito più di 16 milioni di Vespa in 120 versioni.

Glossario

boom: ....
....
....
della strada: ....
....
di culto: ....
....
inconfondibile: ....
....
....
passare alla storia: .....
....
....

2 Ascolta l'audio sulla Vespa, poi rispondi alle seguenti domande.

1 Che cos'è l'*Eurovespa*?
....

2 Dove si è tenuto?
....

3 Quante Vespe hanno partecipato al raduno?
....

4 Da quali parti del mondo sono arrivate le Vespe all'*Eurovespa*?
....

3 Scrivi il sinonimo.

• emblema • unico • senza difetti
• autorevole • agevole

1 perfetto
....

2 pratica
....

3 simbolo
....

4 inconfondibile
....

5 prestigioso
....

17

Fabrica, dove creare è la regola

Che cos'è Fabrica? Un'azienda dove ragazzi da tutto il mondo lavorano a progetti di comunicazione di ogni tipo. Fabrica sfrutta la diversità per comunicare e trovare immagini che riflettono su temi universali, come il razzismo, la paura e la fame nel mondo.

Leggiamo alcune interviste fatte da Marco Mucig per *Pig Magazine* ai ragazzi di Fabrica.
Foto di: Marco Mucig

Come ti chiami? Meric Kara.
Da dove vieni? Turchia.
Quanti anni hai? 27.
Qual è la prima cosa a cui pensi appena ti svegli? Fermate l'orologio!
Cos'è Fabrica per te? Mi piace come luogo dove si radunano persone di diversi paesi e dipartimenti… sono felice qui.
Cosa ti piace di questo posto? Ho incontrato delle belle persone e ho lavorato su progetti che mi sono piaciuti molto.
Da quanto tempo sei a Fabrica? Cosa stai facendo qui? Sono qui da tredici mesi, nel dipartimento di design tridimensionale.
Cosa fai quando non sei davanti ad un computer? Faccio* un giro in macchina, visito gli altri dipartimenti, guardo se un dipartimento sta scattando foto o creando un modello per una presentazione.
Che cosa ti* ispira? Guardare lo sviluppo di nuove idee in ogni forma: foto, video, persone.

Come ti chiami? Ben Tseng.
Da dove vieni? Hong Kong.
Quanti anni hai? 25.
Qual è la prima cosa a cui pensi appena ti svegli? Controllo se c'è bel tempo.
Cos'è Fabrica per te? Un'esperienza nuova ed unica mai provata prima.
Cosa ti piace di questo posto? Che ti sorprende ogni volta.
Da quanto tempo sei a Fabrica? Cosa stai facendo qui? Sono venuto qui nel gennaio 2004 e sono nel dipartimento video.
Che cosa ti ispira? Mi piace andare in diversi mercati per trarre* ispirazione. Di solito andavo a Londra quasi tutti i week end. Mi piace il modo in cui mettono insieme cose diverse a caso e traendo sempre, come appena detto, idee dai mercati.

Come ti chiami? Joel Gethin Lewis.
Da dove vieni? Sono nato ad Hammersmith, Londra. Sono cresciuto a Crickhowell e a Llangattock, Galles.
Quanti anni hai? 24.
Qual è la prima cosa a cui pensi appena ti svegli? Ogni volta è diverso.
Cos'è Fabrica per te? Un posto dove incontrare

1 Fabrica si divide in diversi dipartimenti:
Visual Communication, 3D Design, Interactive, Video e Cinema, Fotografia, Musica,
Scrittura creativa, la rivista Colors Magazine. Leggi di che cosa si occupa ogni dipartimento ai siti

www www.fabrica.it   www http://press.benettongroup.com/ben_it/fabrica/

poi scrivi quale preferisci e perché.

....

....

....

....

F A B R I C A

persone di altri Paesi e un posto dove scoprire quello che vuoi fare.
Cosa fai quando non sei davanti ad un computer? Tante cose. Mi piace parlare con gli altri.
Che cosa ti ispira? La bellezza eterna della matematica, le reti, la percezione e le metodologie. Quello che succede quando fai qualcosa di molto molto semplice, e quello che succede quando hai molte di quelle semplici cose.
Cosa sogni dopo Fabrica? Continuare a sperimentare. Essere onesto. Vedere sempre di più.

Come ti chiami? Enrique R. Grullon.
Da dove vieni? Santo Domingo, Repubblica Dominicana & Orange County, California, USA.
Quanti anni hai? 27.
Qual è la prima cosa a cui pensi appena ti svegli? Fare jogging.
Da quanto tempo sei a Fabrica? Cosa stai facendo qui? Sono qui da un anno e mezzo. Mi occupo di sviluppo e design interattivo lavorando sui siti web.
Cos'è Fabrica per te? Fabrica è stata un'opportunità per cambiare la direzione della mia vita.
Cosa ti piace di questo posto? Mi piace il fatto che veniamo tutti da paesi e culture diverse.

Come ti chiami? Jin Lee.
Da dove vieni? Los Angeles.
Quanti anni hai? 23.
Qual è la prima cosa a cui pensi appena ti svegli? Che ore sono?
Cos'è Fabrica per te? Una base per le mie immense ambizioni.
Cosa ti piace di questo posto? L'atmosfera divertente che, le persone piene di talento e super creative provenienti da tutto il mondo, creano in questo luogo pulitissimo.
Da quanto tempo sei a Fabrica? Cosa stai facendo qui? Ho cominciato a lavorare il primo Dicembre 2004. Sono nel dipartimento video.
Che cosa ti ispira? Tutto e niente. Basta avvicinarsi o allontanarsi per vedere le cose in modo completamente diverso.

Glossario

faccio un giro: ....

ti ispira: ....

trarre ispirazione: ....

....

■ Grandi nomi

Viaggiatori, pedagogisti, storici, scienziati e molti altri personaggi hanno contribuito a dare un volto importante all'Italia. Eccone alcuni. Leggi le descrizioni e scrivi i nomi giusti.

1

È stato un famosissimo navigatore ed esploratore, nato a Genova nel 1451. Il 12 ottobre 1492 sbarcò* in un'isola dell'America Centrale che chiamò San Salvador. Iniziò così la scoperta dell'America. I re di Spagna, Isabella di Castiglia e Ferdinando d'Aragona finanziarono* la spedizione, partita da Palos, in Spagna con tre caravelle*: la Pinta, la Niña e la Santa Maria. Era il 3 agosto 1492.

2

È stata una grandissima pedagogista*, nata nelle Marche nel 1870, che dedicò tutta la vita ai bambini. Mise a punto un metodo educativo molto diverso rispetto a quello esistente allora che valorizzava l'apprendimento naturale e spontaneo* del bambino. Nelle numerose scuole che fondò, creò un ambiente a* misura di bambino. Grande importanza era data ai cinque sensi, che dovevano essere usati liberamente e senza limitazioni.

3

È stato un bravissimo attore e uno degli uomini più affascinanti del mondo, nato nel 1895 nel Sud d'Italia. Nel 1915 andò negli Stati Uniti a cercare fortuna*. I suoi inizi furono molto difficili, ma si fece conoscere al pubblico con il film *Lo sceicco* (1921). Aveva numerosi fan, che imitavano il suo modo di vestirsi, di pettinarsi, di muoversi, addirittura il suo sguardo. *Sangue e arena* (1922), *L'aquila nera* (1925), *Il figlio dello sceicco* (1926) sono alcuni tra i suoi film più importanti.

4

Premio Nobel per la Fisica nel 1909, è stato un grande scienziato e l'inventore della radio. Fin da giovane, cercava di comunicare a distanza senza il collegamento di fili, ma attraverso le onde elettromagnetiche. Nel 1901, fece il primo collegamento radio transatlantico*, tra Poldhu (Cornovaglia) e l'Isola di Terranova (America settentrionale). Il suo nome divenne famoso soprattutto dopo il naufragio del Titanic, quando furono salvate molte vite grazie alla radio.

5

Nato a Nizza nel 1807, è stato un generale, un patriota e un importante personaggio del Risorgimento. È ricordato come l'*Eroe dei due mondi* per le sue imprese militari a favore della libertà in Sud America ed in Europa. Contribuì, con la spedizione dei Mille, con le sue Camicie* *Rosse*, alla formazione del Regno d'Italia. Il suo nome è legato a quello di patrioti come Camillo Benso conte di Cavour e Giuseppe Mazzini.

Rodolfo Valentino

Guglielmo Marconi

Cristoforo Colombo

Giuseppe Garibaldi

Maria Montessori

Glossario

a... bambino: ....

camicie rosse: ....
....
....

caravelle: ....

finanziarono: ....

fortuna: ....

pedagogista: ....
....

sbarcò: ....

spontaneo: ....

transatlantico: ....

■ Da ieri a oggi

La preistoria

È l'epoca che va dalla comparsa dei primi uomini alla nascita della scrittura. È divisa in due periodi principali, detti "età della pietra": il Paleolitico, precedente alla nascita dell'agricoltura, e il Neolitico (dal 5 000 al 3 000 a.C.), in cui si diffondono l'agricoltura e le prime forme stabili di insediamento*.

L'Impero Romano

Roma si* estende su tutti i Paesi del Mediterraneo. Gli imperatori costruiscono monumenti, arene, acquedotti, templi e strade in tutta l'Europa, ma il prezzo da pagare per i popoli conquistati è molto alto. Roma, infatti, si arricchisce grazie alle tasse che i popoli conquistati devono pagare.

Il Medioevo

È un lungo periodo che va dalla fine dell'Impero Romano (476 d.C.) alla scoperta dell'America (1492). L'Italia viene invasa dalle popolazioni straniere che, poco alla volta, la dividono in tanti stati diversi. Tutti questi stati saranno riuniti in una sola nazione italiana solo nel 1861. In questo periodo l'Italia è anche il campo di battaglia delle guerre sanguinose tra la Chiesa e l'Impero. Ma è anche il periodo dei Comuni, cioè delle città che diventano potenti e ricche, con un proprio libero governo.

Ciao! Mi chiamo Francesca e la mia materia preferita è la storia. Vorrei farvi conoscere i principali periodi storici del mio Paese. Cercherò di essere sintetica e di... non annoiarvi troppo!

1500-1600

È un periodo di grande rinnovamento artistico, letterario e scientifico che inizia nel XV secolo. I centri principali di questa rinascita sono le grandi città come Firenze e Roma. Da un punto di vista politico, invece, l'Italia viene conquistata dalla Spagna e dall'Austria. È anche il periodo della Controriforma, cioè delle lotte tra Chiesa cattolica e Protestanti.

1700

La Rivoluzione francese accende le speranze di libertà. I concetti di "fiducia nella ragione" e di liberazione dalle superstizioni del passato, però, faticano a prendere piede in Italia, perché il potere conservatore della Chiesa e dei nobili è ancora fortissimo. Le speranze di libertà vengono definitivamente distrutte da Napoleone che conquista l'Italia.

1800

È il periodo del Risorgimento, cioè delle guerre d'Indipendenza italiane. Dopo la caduta di Napoleone, infatti, Spagnoli ed Austriaci erano tornati in Italia. In questo periodo l'Italia combatte per l'indipendenza e l'Unità, raggiunta nel 1861, grazie all'opera di patrioti come Cavour, Mazzini e Garibaldi. L'unificazione viene poi completata con l'annessione di Roma, capitale dello Stato Pontificio, il 20 settembre 1870. L'Italia diventa un regno unito, sotto la casa reale di Savoia.

Il fascismo

Dopo la prima guerra mondiale sale al potere Benito Mussolini, che dà vita ad una dittatura fascista durata per oltre vent'anni e caduta con la fine della Seconda Guerra Mondiale, nella quale Mussolini si era alleato con Hitler. L'armistizio firmato con gli americani l'8 settembre 1943 porterà la distruzione in Italia, a causa della repressione nazista e della ripresa fascista. Nasce il fenomeno dei "partigiani", soldati e civili che combatteranno contro tedeschi e fascisti italiani. Il 25 aprile 1945 gli Alleati libereranno finalmente l'Italia.

2 giugno 1946

Al referendum del 2 giugno 1946 gli italiani votano a favore della Repubblica. È la fine della monarchia. A partire dal 1° gennaio 1948 entra in vigore la Costituzione dello Stato italiano.

L'Italia di oggi

L'Italia fa parte della NATO e della Comunità Europea. Ha partecipato a tutti i principali trattati per l'unificazione dell'Europa. Dal 1° gennaio 1999 è entrato in vigore l'Euro.

Glossario

insediamento: ....
si estende: ....
regimi feudali:...

1 Luoghi istituzionali

Ascolta e scrivi il nome giusto sopra ogni testo.

....
Dal 1871 è la sede della Camera dei Deputati. La Camera dei Deputati è uno dei due organi che costituiscono il Parlamento Italiano. È composta da 630 membri che vengono detti deputati e assumono il titolo di onorevole.

....
Dal 1871, è sede del Senato della Repubblica. La carica di senatore è elettiva e dura 5 anni, ma può essere anche assegnata "a vita".

....
È la sede del Governo italiano dal 1961. Il governo in Italia è un organo collegiale composto dal Presidente del Consiglio e dai Ministri, che insieme formano il Consiglio dei Ministri, a cui spetta il potere esecutivo.

....
Sorge sull'omonimo colle di Roma. È la residenza ufficiale del Presidente della Repubblica Italiana ed uno dei simboli dello stato italiano. Fu la residenza del Papa fino al 1870, divenne poi la residenza dei Re fino al 1946.

Il piacere di leggere

Siete pronti per un veloce viaggio nella storia della letteratura italiana? Un'occasione per scoprire tanti autori meravigliosi.

Il Duecento

I primi scritti in "volgare italiano" sono del IX secolo. L'italiano veniva chiamato "volgare", perché era la lingua del "volgo", cioè del popolo. I letterati e gli studiosi, infatti, usavano il latino. Bisognerà aspettare il 1200 per avere le prime poesie in italiano. Queste parlano soprattutto d'amore e di religione. La prima grande opera in volgare è il *Cantico delle creature*, di San Francesco, che ringrazia Dio per il dono del Creato*. In Sicilia, invece, alla corte dell'imperatore Federico II nascono i "poeti siciliani". Si tratta di poeti che cantano* "l'amor cortese", cioè l'amore assoluto per una sola donna, cui saranno fedeli per tutta la vita.

Il Trecento

In Toscana nasce il Dolce Stil Novo, un nuovo modo di scrivere poesie d'amore. È uno stile che usa solo parole "dolci", cioè chiare, eleganti e nobili. Per questi poeti, primo tra tutti Dante Alighieri, la donna è "angelicata", cioè come un angelo, una creatura perfetta che avvicina l'uomo a Dio. Per questo l'amore tocca solo i cuori nobili, onesti, gentili. Questo è un nuovo concetto di "nobiltà": non è la nobiltà di* sangue, ma la nobiltà d'animo, la nobiltà morale. Grande poeta d'amore sarà Francesco Petrarca, che nel suo *Canzoniere* usa solo parole "scelte", le uniche degne di entrare in poesia. Giovanni Boccaccio, invece, fa il contrario. Con il suo *Decameron* l'amore diventa "democratico": per lui tutti gli uomini sono degni di provare amore, perché l'amore è gioia e dà senso alla vita.

1400 - L'Umanesimo

Dopo la terribile peste* del 1348, che getta l'Europa nel dolore e nella miseria, c'è una lenta ripresa economica. Nascono in Europa i primi Stati e in Italia le prime Signorie*. In* primo piano ora ci sono la politica e la scienza. A questo proposito, la corte di Lorenzo de' Medici a Firenze diventa il "centro del mondo". Qui si studiano gli autori classici latini e greci, non solo per leggere delle grandi opere, ma per trovare modelli di comportamento. Si esaltano qualità umane come la dignità, la libertà e la fantasia. Non ci sono grandi scrittori, ma grandi pensatori.

1500 - Il Rinascimento

Lo scrittore più importante è Niccolò Machiavelli, diplomatico alla corte di Lorenzo de Medici. La sua opera *Il Principe* scandalizza l'Europa intera. In questo libro Machiavelli analizza i vari generi di signorie e di eserciti, per trovare le qualità necessarie a un principe per conquistare e conservare uno stato. Con Machiavelli nasce la politica moderna, cioè una forma di politica lontana da ogni morale. Il principe, secondo Machiavelli, non dev'essere buono, ma dev'essere potente. Per la prima volta Machiavelli dice che l'uomo costruisce il proprio destino e che non è sottoposto ad eventi soprannaturali come la Provvidenza. Il successo in politica è legato solo ad alcune regole che si basano tutte sull'osservazione della realtà.

Il Seicento

È un secolo molto povero dal punto di vista letterario. L'Europa, infatti, è sconvolta* da guerre, pestilenze e carestie* che riportano al potere le vecchie famiglie nobili, dalla mentalità antiquata. Sul piano culturale la nobiltà e il clero impongono il loro interesse per i riti, i cerimoniali e la ricchezza. Nasce quindi uno stile molto "visivo", il barocco, che vuole stupire il pubblico. In letteratura gli autori curano molto la scelta delle parole e l'uso delle metafore. Spesso ne vengono fuori solo brutti tentativi, ma in genere questo arricchisce la lingua perché ne mostra le potenzialità.

Il Settecento

Il fallimento della nobiltà e del clero ridanno importanza alla borghesia. Questa sviluppa una nuova cultura "ottimista", basata sul progresso, sul commercio, sulla scienza e sulla ragione, ufficializzata poi dalla Rivoluzione Francese. In Italia, divisa in tanti Stati dominati da re stranieri, il razionalismo si diffonde con difficoltà, ma è difeso da persone come Cesare Beccaria, il primo al mondo a dire no alla pena di morte. Carlo Goldoni, poi, con le sue commedie fonda il "teatro moderno", quello con veri personaggi e un vero copione da seguire. Nascono anche le prime poesie patriottiche per la libertà d'Italia. Tra queste, le poesie di Ugo Foscolo.

L'Ottocento

Se tutta l'Europa è dominata dai sentimenti romantici, l'Italia ha ben altri problemi. È il secolo delle Guerre d'Indipendenza per liberarsi dalla dominazione degli austriaci, che porteranno all'Unità d'Italia nel 1861. Tutta la letteratura parla di patriottismo e di libertà. Questo è anche il secolo del primo grande romanzo italiano, *I Promessi Sposi* di Alessandro Manzoni. Partendo da un piccolo fatto di cronaca accaduto nel 1600 vicino a Como, traccia un quadro della situazione storico-politica italiana.

1 Il Novecento

Ascolta e completa.

È il secolo del "nuovo". In Italia nasce la prima

....: .... Questi

credono nel progresso, nella velocità, nella "rottura" con

il passato e nel .... In sostanza, tutto

il '900 si troverà a .... la tradizione,

trattando temi come la solitudine, la noia,

l'.., la mancanza di certezze, la

....*. Dopo la Seconda Guerra Mondiale,

il .... sostituisce la poesia. Ci sono le

opere politico-sociali di Carlo Levi, quelle sulla solitudine umana

di Giorgio Bassani, quelle legate all'attualità di Primo Levi e

Leonardo Sciascia.

Glossario

cantano: ....
....
carestie: ....
....
creato: ....
....
di sangue: ....
....
disgregazione: ....
....
in primo piano: ....
....
ci sono: ....
....
peste: ....
....
sconvolta: ....
....
Signorie: ....
....

2 Vero o falso?

1. L'italiano veniva chiamato "volgare", perché era la lingua del popolo. VERO ○ FALSO ○

2. I poeti siciliani cantano la fede in Dio. VERO ○ FALSO ○

3. Il Dolce Stil Novo si sviluppa in Toscana. VERO ○ FALSO ○

4. È un nuovo modo di scrivere poesie d'amore. VERO ○ FALSO ○

5. Per Dante Alighieri la nobiltà è soprattutto la nobiltà di sangue. VERO ○ FALSO ○

6. Con Boccaccio, l'amore diventa "democratico". VERO ○ FALSO ○

7. Nel '400 si studiano i classici latini e greci. VERO ○ FALSO ○

8. Si studiano per trovare modelli di comportamento. VERO ○ FALSO ○

9. Secondo Machiavelli, il principe non dev'essere potente, ma buono. VERO ○ FALSO ○

10. Nel Seicento, si scoprono le potenzialità della lingua italiana. VERO ○ FALSO ○

11. Il Romanticismo italiano è soprattutto patriottico. VERO ○ FALSO ○

19 ■ Il gioco degli autori

Ecco alcuni degli autori più importanti della letteratura italiana. Abbina ad ognuno l'opera giusta.

a L'Orlando furioso (1516-1532)

Questo poema racconta le vicende dei paladini* di Carlo Magno contro i mori*, ma in realtà è la descrizione ironica e distaccata* dell'animo umano e delle sue debolezze. L'autore non ha nei confronti degli uomini alcuna speranza, ma una tranquilla, rassegnata sfiducia.

b Le Ultime lettere di Jacopo Ortis (1796-1802)

È un romanzo epistolare* in cui l'autore sfoga tutto il suo dolore dopo il trattato di Campoformio, con cui Napoleone cedette all'Austria Venezia e altre zone dell'Italia. Una grande "tempesta" romantica, con il doppio dolore del tradimento di Napoleone e di un amore infelice.

c I Promessi Sposi (1827-1842)

È il primo romanzo italiano che esprima realismo psicologico, oltre ad una profonda religiosità. L'autore, inoltre, è il primo a cercare di risolvere il problema dello "scrivere in italiano", dato che – ancora nell'Ottocento – non esisteva una lingua italiana unitaria.

1 ....

Dante Alighieri

2 ....

Giovanni Boccaccio

5 ....

Alessandro Manzoni

6 ....

Giacomo Leopardi

d La coscienza di Zeno (1923)

In questo romanzo Zeno Cosini, non riuscendo a smettere di fumare, ricorre alla psicanalisi, scienza nuovissima nei primi anni del '900. Su consiglio del suo psicologo, decide di scrivere la sua vita. Ne esce una personalità abulica*, incapace di veri sentimenti: la vera malattia dell'uomo moderno.

e La Divina Commedia (1307-1321)

Il poema è diviso in 3 Cantiche: Inferno, Purgatorio e Paradiso. Il poeta immagina di attraversare questi tre regni, per arrivare alla visione di Dio. Può essere considerato il riassunto di tutta la cultura e la fede medievale e il primo capolavoro poetico scritto in volgare.

3 ....

Ludovico Ariosto

4 ....

Ugo Foscolo

7 ....

Italo Svevo

8 ....

Pier Paolo Pasolini

f Ragazzi di vita (1955)

Roma anni '50. Il romanzo racconta la giornata di un gruppo di poverissimi giovani romani che, spinti da esigenze basilari come la fame, la paura, la ricerca di aiuto, vivono avventure comiche, tragiche, grottesche, violente ma anche molto generose.

G lossario

abulica: ....
distaccata: ....
epistolare: ....
mori: ....
novelle: ....
paladini: ....
....

g Lo Zibaldone (1822-1832)

In questa raccolta di pensieri e riflessioni, il poeta esprime la sua visione tragica della vita: il dolore è la sola legge del creato. Un'idea pessimista che avrà molta importanza sugli scrittori del Novecento.

h Il Decamerone (1349-1353)

È una raccolta di novelle* d'amore, divisa in 10 giornate. Dei giovani, infatti, per fuggire alla terribile peste del 1348, si rifugiano in una villa e si raccontano storie d'amore. Ogni giornata ha un tema: l'amore felice, quello triste, quello romantico, quello ironico, quello sensuale…

■ Le spiagge più belle

Usa un atlante e scrivi il nome delle regioni in cui si trovano queste spiagge.

Castiglione della Pescaia ▢▢▢▢▢▢▢▢

Questo piccolo paese della Maremma ha origini antichissime, risalenti* a 60.000 anni fa. La parte antica di Castiglione della Pescaia è un "balcone" sul Mar Tirreno. Il suo porto turistico offre escursioni* giornaliere per le isole dell'Arcipelago Toscano.

 www.castiglionepescaia.it

Capalbio ▢▢▢▢▢▢▢

Capalbio è un piccolo borgo medioevale della Maremma. Qui, la natura è incontaminata* e ricca di contrasti: da una parte il mare, dall'altra la campagna. Le origini di Capalbio sono antichissime: fu fondata dagli etruschi* e abitata dai romani.

 www.capalbio.it

Pollica ▢▢▢▢▢▢▢▢▢

È un piccolissimo paese che si trova nel Parco Nazionale del Cilento, protetto dall'UNESCO dal 1997. Pollica si trova in un'area bellissima, sia per i suoi fondali* e per il suo mare, sia per i boschi del Parco.

 www.cilento.ws

Il mare della Sardegna

Glossario

a un passo: ....

escursioni: ....
etruschi: ....

fondali: ....

incontaminata: ....

mozzafiato: ....

risalenti: ....
scorci: ....

© Marka

Villasimius [ ][ ][ ][ ][ ][ ][ ][ ]

Villasimius è una famosa località turistica. Il paesino, che d'inverno conta circa 3000 abitanti, raggiunge i 60000 abitanti d'estate. Il motivo di tanto successo è nella serie infinita di angoli incantevoli delle sue coste visibili fin dalla strada panoramica che la collega a Cagliari.

www   www.sardegna.com

Isola del Giglio [ ][ ][ ][ ][ ][ ][ ]

È un'isola pittoresca situata al centro del Mar Tirreno. Il mare color smeraldo, con i suoi fondali ricchi e pescosi, fa parte di un territorio per il 90% ancora selvaggio, che invita a fare bellissime passeggiate.

www   www.giglioinfo.it

Porto Venere [ ][ ][ ][ ][ ][ ][ ]

Il borgo di Porto Venere si caratterizza per un panorama mozzafiato*, fatto di scorci* caratteristici e pittoreschi. Tipici del luogo sono gli antichi portali delle "case torri", che si allineano strette l'una all'altra sui carruggi.

www   www.portovenere.it

Otranto [ ][ ][ ][ ][ ][ ]

Fare una vacanza a Otranto significa venire a contatto con la storia del Mediterraneo. La città, fu, infatti, bizantina e gotica, poi normanna, sveva, angioina e aragonese. Otranto è la città più a est d'Italia. La Grecia è solo a* un passo.

www   www.otrantovirtuale.com

20 ■ I Parchi Nazionali d'Italia

In Italia ci sono 21 Parchi Nazionali, che rappresentano il 5% del territorio della penisola.

Il Parco Nazionale dello Stelvio

Si trova nelle Alpi centrali. Le persone che praticano lo sci e l'alpinismo amano molto questo Parco, soprattutto per i numerosi ghiacciai che non si sciolgono mai e che hanno formato nei secoli anche bellissimi laghetti che danno acqua a sorgenti, torrenti e cascate. Il Parco è ricco di boschi, foreste e praterie* dove vivono molti animali. È possibile vedere cervi o scoiattoli che vivono nei boschi. Non mancano la volpe, la marmotta e le aquile reali.

Il Parco Nazionale del Gran Sasso e dei Monti della Laga

Qui si trova l'unico ghiacciaio degli Appennini, il Calderone. Nel Parco vivono più di 2.000 specie di piante. Tra gli animali, la specie più interessante è il camoscio d'Abruzzo, che fino al secolo scorso era molto numerosa. A causa dei cacciatori questa specie era scomparsa. Oggi, grazie a importanti progetti ecologici, i camosci sono tornati: ce ne sono 44.

1 Abbina ad ogni foto il nome dell'animale.

1. ....
2. ....
3. ....
4. ....
5. ....
6. ....
7. ....
8. ....

a capriolo   **b** scoiattolo   **c** volpe   **d** lepre

e tasso   **f** aquila   **g** marmotta   **h** camoscio

Il Parco Nazionale della Calabria

È costituito da due zone montuose: la Sila grande e la Sila Piccola, entrambe ricchissime di foreste e utilizzate per il legname. Il Parco è interamente naturale, senza centri* abitati al suo interno. Uno degli aspetti che lo caratterizzano è la presenza di moltissimi lupi. Gli altri animali che vivono nel Parco sono il daino, il capriolo, lo scoiattolo, la volpe, la lepre, il tasso.

Il Parco Nazionale dell'Arcipelago della Maddalena

Si trova nel nord della Sardegna. È costituito da isole di diverse dimensioni, rocce, spiagge, fondali, migliaia di specie animali e vegetali e siti* archeologici subacquei. Il mare si caratterizza per le sue acque limpide, che hanno tutte le sfumature del blu. La sabbia è bianchissima, ad eccezione della spiaggia di Budelli, che è di colore rosa.

Glossario

centri abitati: ....
praterie: ....
siti: ....
....

2 Ascolta il brano e poi rispondi alle seguenti domande.

1 Quando si celebra la Giornata Europea dei Parchi?

....

2 In quale Paese europeo è nato il primo Parco?

....

3 Quali specie animali sono state salvate grazie ai Parchi? Scrivi qualche nome.

....

4 Con la nascita dei Parchi l'occupazione è aumentata o diminuita?

....

20

■ I musei da visitare

In Italia ci sono 4.120 musei e tutti hanno qualcosa da vedere. Ecco i più prestigiosi. Vuoi saperne di più?

Vai sul sito www.musei.it

Musei Vaticani - Roma

I Musei Vaticani contengono i capolavori che i Pontefici Romani hanno commissionato e raccolto nel corso dei secoli. Oltre all'immenso patrimonio di opere d'arte esposte nelle diverse gallerie, ai Musei Vaticani è possibile visitare la Cappella Niccolina, con le pitture del Beato Angelico, l'Appartamento Borgia decorato dal Pinturicchio, le stanze di Raffaello e, naturalmente, la famosissima Cappella Sistina di Michelangelo.

 www.mv.vatican.va

Gli Uffizi - Firenze

La Galleria degli Uffizi contiene alcune straordinarie collezioni di dipinti e di statue antiche. Tra gli artisti più famosi, basta ricordare i nomi di Giotto, Simone Martini, Piero della Francesca, Beato Angelico, Botticelli, Mantegna, Leonardo, Raffaello, Michelangelo, Caravaggio. Importanti sono anche le raccolte di pittori tedeschi, olandesi e fiamminghi. Tra questi: Dürer, Rembrandt, Rubens.

www.polomuseale.firenze.it/uffizi/

I Musei Vaticani di Roma e la Galleria degli Uffizi a Firenze sono tra i primi sei al mondo per numero di visitatori.

1. Andiamo al museo

Ecco alcuni dipinti esposti nei musei citati.
Visita i siti dei musei, poi scrivi nella tabella dove si trovano.

I Musei Vaticani	Gli Uffizi	La Pinacoteca di Brera
....	....	....

- Deposizione dalla croce - **Caravaggio**
- Annunciazione - **Leonardo da Vinci**
- La Primavera - **Botticelli**
- Cena di Emmaus - **Caravaggio**
- Cristo morto - **Mantegna**
- Ritratti di Federico da Montefeltro e di Battista Sforza - **Piero della Francesca**
- Liberazione di San Pietro - **Raffaello**
- Madonna col bambino - **Beato Angelico**
- Ritratto di giovane donna - **Modigliani**
- La consegna delle chiavi - **Perugino**
- Lo sposalizio della vergine - **Raffaello**
- Il giudizio universale - **Michelangelo**

Pinacoteca di Brera - Milano

La Pinacoteca di Brera è il principale museo d'arte di Milano, che ospita opere d'arte antiche e moderne. Si possono ammirare opere di varie scuole: da quelle trecentesca e quattrocentesca a quella settecentesca con le opere di Tintoretto ed il famoso *bacio* di Hayez a quella ottocentesca con opere dei macchiaioli e di artisti del romanticismo.
La collezione Jesi raccoglie la più ricca serie di opere del Novecento, con opere dei maggiori artisti italiani, fra cui Boccioni, Braque, Carrà, De Pisis, Marino Marini, Modigliani e Morandi.

www www.brerabeniculturali.it

Lista delle parole

Lista delle parole